ピッチング

CONTENTS

絶対ピッチングが上達する3つのキーワード！
ピッチングの基本である下半身を強化しよう！………6
カラダに一本の軸が通っているような意識を持つ………8
フォームが崩れているときはバランスを意識して調整する………10

PART 1 ピッチングの基本

ピッチングフォーム・マルチアングル連続写真
Side-Top………14
Front-Back………16

強い下半身を作る
強い下半身は投手の必須条件………18

走り込みで強化
走り込みで強い下半身を作る………20

ゴロ捕
ゴロ捕で投手の生命線である下半身を強化する………22

量を考える
適正な練習量を考えて取り組もう………24

軸の作り方
安定した軸を作って真っ直ぐ立つ………26

カラダの力の使い方
カラダの内側の力を意識する………28

カラダの回転
カラダを早く開かない………30

軸回転の方法
カラダを小さく鋭く使う………32

上半身と下半身の連動
足の動作に合わせて腕を開く………34

足の上げ方
バランスを崩さないで足を上げる………36

移動する足の軌跡
マルチアングル連続写真………38

重心移動
重心をギリギリまで後ろに残す………40

踏み込み足
踏み込んだ足のヒザを曲げる………42

軸回転のタイミング
マルチアングル連続写真………44

リリースと重心移動の関係
重心が7割移動したところでボールをリリースする………46

リリースポイント
リリースポイントで最大の力を出す………48

胸を張るように構える
ボールを持った手の甲を前方へ向けながら後方へ………50

握りを打者から隠す
ボールは耳に近いところから出す………52

体重移動と軸回転
肩とヒジが平行になるように体重を移動させる………54

腕の振り
腕が遠心力で外に振られるのを防ぐ………56

左右の腕のバランス
反対側の肩を内旋させてバランスを取る………58

投球時の目線①
最後まで投げるコースを見る………60

投球時の目線②
目線を捕手のミットに定める………62

リリース後の腕の振り
自分の手の残像とミットが重なるように………64

投球後の役割
打者のスイングまで見ると打球への反応も良くなる………66

PART 2 変化球を身につける

変化球の種類………70

カーブ&スローカーブ
打者のタイミングを外す投手の基本の変化球………72
手首を曲げてボールに回転を加える………74
手首をひねってリリースする………76
リリース後に腕がカラダに巻きつくように………78
マルチアングル連続写真・スローカーブ（右投手）………80
マルチアングル連続写真・カーブ（左投手）………84

スライダー
鋭い変化で空振りを狙う横方向に曲がる変化球………88
ボールの中心のやや外を握る………90
中指で切るようなリリースをする………92
マルチアングル連続写真・スライダー（左投手）………94

シュート
投げた腕と同じ方向へ変化する………98
ボールの中心からやや内側を握る………100
マルチアングル連続写真・シュート（右投手）………102

フォーク
鋭い変化で空振りを狙う勝負球………106
ボールを確実に挟めるように指を広げる………108
フォークを投げるためのトレーニング………110
マルチアングル連続写真・フォーク（右投手）………112

シンカー＆スクリュー
打者のヒザ元へ曲げて落とす変化球………116
ヒジを使ってひねり込む………118
マルチアングル連続写真・シンカー（右投手）………120

PART 3 ランナーが出たときのピッチング

マルチアングル連続写真・セットポジション………126
マルチアングル連続写真・クイックモーション………130

一塁けん制球
俊足ランナーに使うと効果的………134

二塁けん制球
二塁ランナーの飛び出しを狙う………136

三塁けん制球
上げた足を三塁方向へ出す………138

ベースカバー・フィールディング
投手は9人目の野手になる………140

PART 4 ピッチングの悩み解決

バランスが崩れてしまう
上半身と下半身のタイミングがずれる………144

子どものトレーニング
カラダの成長に合わせたトレーニングをする………146

重心移動ができず球威が落ちる
深い踏み込みが身につくトレーニング………148

コントロールが悪い①
軸の安定はコントロールの良さにつながる………150

コントロールが悪い②
リリースの瞬間にカラダを正面に向ける………152

球速をアップしたい
強い腕の振りを支えるために下半身を安定させる………154

下半身強化法①
ゴー、バックで足腰を強化する………156

下半身強化法②
シャトルランで足腰を効果的に強化する………158

PART 5 ピッチャー専用トレーニング

トレーニングの概要
投球に適した柔軟で力強いカラダを作る………162
インナーマッスルの強化………164
肩の可動域を広げる………166
腹筋と背筋のトレーニング………168
スクワットで強い土台を作る………170
バックランジで安定感を増す………172

あとがき　監修紹介………174

COLUMN

- チームのエースは堂々と
  マウンドに立ち強気に攻めないといけない！………68
- 運動におけるカラダの正しい使い方を覚えるために
  野球以外のスポーツにも興味を持とう！………124
- 野球はユニフォームを着ていないときにうまくなる！………142
- 絶対に覚えよう！　勘違いしやすい投手に関わるルール………160

絶対ピッチングが上達する **3**つのキーワード！

Pitching progress key word

ピッチングの基本である下半身を強化しよう！

ピッチングでもっとも大切なものが「下半身の強さ」である。

腕力や肩の強さがあっても、それを支える土台が不安定では、パワーを発揮することができない。

1球投げるごとに右へ左へとフラフラするようでは、正確なコントロールは身につかない。

また、疲労のたまってくる試合終盤に踏み込みが弱くなるようでは、先発完投する投手にはなれない。

どれも投手としては致命傷となりかねないものばかり。

下半身の強化はピッチングを磨くために、何をおいても取り組まなければならない最重要項目なのである。

頭から足裏まで真っすぐになるよう立とう！

絶対ピッチングが上達する3つのキーワード！

Pitching progress key word

カラダに一本の軸が通っているような意識を持つ

土台を作るのと同じように大切なのが「カラダの軸を作る」ことだ。

軸足で立った時に、頭のてっぺんから足の裏まで真っすぐにならなければならない。

これが斜めになっていると、カラダがふらつく原因になる。そうなると、腰やヒザが曲がっていると力強く踏み込めないだろう。

また、リリースの瞬間はこの軸を回転させることでボールにパワーを与える。

投球動作に入ったら、自分のカラダの内側に一本の軸が通っているような意識を持つようにしよう。

絶対ピッチングが上達する**3**つのキーワード！

Pitching progress key word

フォームが崩れているときはバランスを意識して調整する

「バランスが崩れている」という表現は調子を落としている投手に対してよく使われる。

だがピッチングでいうバランスとは、何か一つを指しているわけではないからやっかいだ。

カラダの左右のバランス。

上半身と下半身のバランス。

軸足と踏み込み足のバランス……。

どれかが崩れると他の部分に悪い影響を及ぼすこともある。

フォームが崩れていると感じたら、バランスを意識して修正してみよう。

本書の使い方

本書は、野球の基本技術の習得を目指す人に向けて構成しました。一番の特徴は技術写真を様々な角度で撮影している点になります。マルチなアングルから動きを見ることで、今まで気づきにくかった部分に着目できます。野球上達に欠かせないのは何よりも基本です。基本技術を確実にマスターするためにも、お手本をじっくり見てイメージを膨らませてください。

ピッチングの基本

投手にとって一番大切なのは下半身の安定感。
土台がフラフラしているようでは
コントロールも定まらないし、
力のあるボールも投げられない。
ここでは下半身の効果的な使い方を中心に
ピッチングの基本技術を解説していく。

PART 1

Basic of pitching

全身をしなやかに使って投球する

1 ボールを握って胸の前でグラブの中に収める。このときグラブを頭の上まで振りかぶってもいい。

2 ゆったりと構えてから自分のタイミングで始動。振りかぶったときは胸の前までグラブを下ろしてくる。

3 軸足に全体重を乗せて、踏み込み足を胸の前まで引き寄せる。カラダは横を向くが顔は捕手のミット方向に。

肩からヒジまでを弓のようにしならせる

1 軸足をプレートに触れて立ち、胸の前でグラブを構える。球種によって握りを変えるのはこのとき。

2 軸足のつま先をプレートに触れたまま横に向ける。それに合わせて上半身もやや横を向き始める。

3 軸足はプレートに触れたまま、つま先を横に向ける。ただし目線は捕手のミットから離さない。

PART ❶ ピッチングの基本　ピッチング　マルチアングル連続写真

軸足のヒザが地面に触れるほど低く鋭く

Side

CHECK！
軸を斜めに倒していく

CHECK！
後ろ足のヒザが地面につくほど低く

4 軸足で踏ん張りながら重心を前に移動する。このとき腰を前に出すようにして上半身を一緒に倒さないこと。

5 踏み込み足に一気に体重を乗せて、リリースする。軸足だった方のヒザが地面に触れるくらい低く鋭く。

6 リリースと同時に、その反動を利用し踏み込み足をバネのように使って伸ばす。

リリースの瞬間にパワーを爆発させる

Top

CHECK！
軸足はプレートに触れたまま、つま先を横に向ける

4 両手を開いてバランスを取りながら重心を前方へ移動する。

5 グラブを持つ側の肩から逆の腕のヒジまでをムチのようにしならせ、リリースの瞬間にパワーを爆発させる。

6 上半身を大きく前に倒してリリース後の勢いを吸収する。

15

Basic of pitching

グラブと踏み込み足を投げるコースへ出す

CHECK! 頭の先から足の裏まで真っ直ぐに立つ

1 肩や腕などに余計な力が入らないように自然な形で構える。

2 軸足に重心を移しながら踏み込み足を引き寄せる。

3 踏み込み足を胸の前に引き寄せ、上体を小さくしてパワーをため込む。

手の甲を前方へ向けつつ耳の近くから出す

1 投げるコースを見て立ち、軸足でプレートを踏む。

2 ふらつかないように軸足で立って、後ろの足を上げる。

3 上半身は力まず、片足でしっかりと立つ。

リリース後も腕は最後まで振り切る

Front

4 踏み込み足の動きと連動させて両手を拡げていく。

5 グラブを投げるコースへ差し出しながら、踏み込み足も同じ方向へ真っ直ぐに出していく。

6 腕は途中で止めようとしないで最後まで振り切る。投げ終わったらすぐに次の動作に移れるように準備。

打者から隠すようにボールを後方へ持っていく

Back

CHECK! ボールは打者から見えない位置に

4 ボールや握りが打者から見えないように手の位置を考える。

5 手の甲を前方へ向けつつ、耳に近い位置に腕を上げていく。

6 リリースした腕が後方まで振られるように、しなやかなフォロースルーをする。

Basic of pitching

CHECK!
軸足一本でしっかりと立ち、力強く踏み出す

1 軸足一本で立ったときにバランスを崩したり、ふらついたりしない。

2 軸足のバランスを保ったまま重心を移動していく。

強い下半身を作る

強い下半身は投手の必須条件

走り込みや筋力トレーニングに取り組む

PART ❶ ピッチングの基本　強い下半身を作る

CHECK!
踏み込んだ足一本で
全体重を支える

3 低く鋭く重心を移動するが、その全体重を踏み込み足で支える。

4 投げ終わったあとは9人目の野手。すぐに捕球できる体勢に戻る。

走り込みや投げ込みで
強い下半身を作る

　投手にとって下半身の安定感は大切。これがしっかりしていないと、まず軸足一本で立ったときにふらついてしまう。また踏み込み足の筋力が弱いと、重心を乗せたときに体重を支えることができない。

　強い下半身は走り込みや筋力トレーニングで作る。投げ込みでは、ただ「良いボールが行った」「行かない」ではなく、下半身のトレーニングと思って取り組むようにしよう。

Basic of pitching

走り込みで強化
走り込みで強い下半身を作る
ゆっくり長い距離を走る

ゴロ補などを平行して行うのもいい。

走り込みが力強いピッチングを可能にする。

強い下半身は走り込みから

ランニングは一般的にはウォーミングアップや心肺機能の強化のためのメニューとして分類される。しかし投手の走り込みはそれだけでなく、強く安定した下半身を作るのに欠かせない重要なメニューだ。

野球の試合時間は3時間以上になる。完投するとなると投手はその半分の時間をマウンドで過ごす。タイムや距離を意識するよりも、ゆっくりでもいいから長い時間かけて走るようにしよう。

PART ① ピッチングの基本　走り込みで強化

1人ではなくパートナーと一緒に走ると互いに競争心も生まれるので効果が上がる。

21

Basic of pitching

ゴロ捕

ゴロ捕で投手の生命線である下半身を強化する

低い姿勢で前後左右への移動

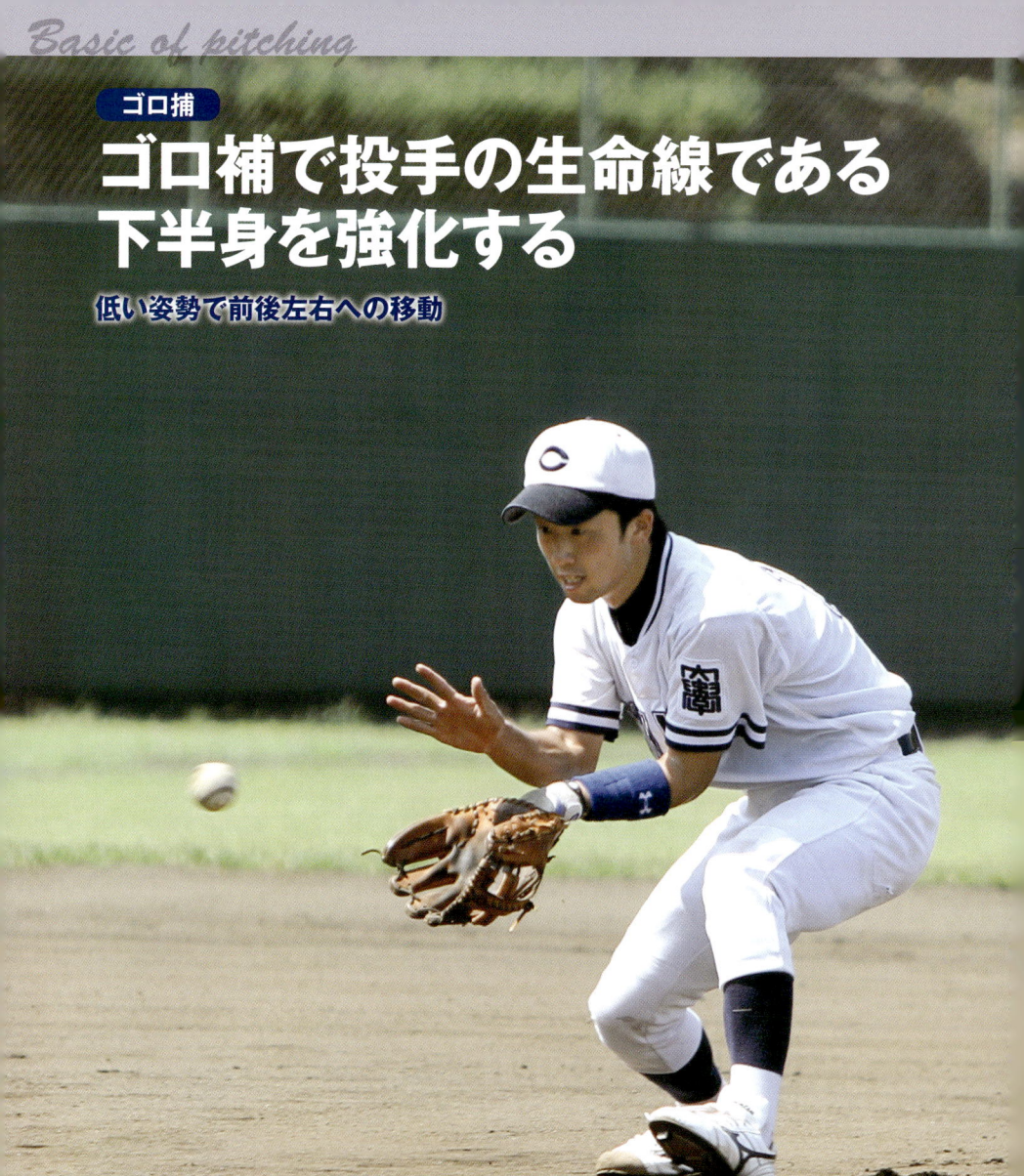

ノックを野手と一緒にやればフィールディングの練習と下半身強化が同時にできる。

2人組になって
手で転がす方法も効果的

　ノックは通常は野手のための練習メニューだが、投手が強い下半身を作るためにも効果的だ。低い姿勢で前後左右へ打球を追いながら、捕球のために腰をさらに落とさなければならない。ある程度回数をこなすと足腰のトレーニングになるのだ。

　ノックでゴロを打ってもらうのもいいが、手で左右へ軽く放り、それをグラブや素手で捕球する方法でもいい。この方が移動する距離や転がす強さを調整できるので効果的だ。

パートナーに手で転がしてもらえば強さや移動距離を調整しやすいのでより効果的だ。

左右へテンポよくショートフライを投げてもらうと瞬発力も養える。

Basic of pitching

量を考える
適正な練習量を考えて取り組もう
カラダを酷使することが練習ではない

ブルペンでの投球練習は、時間ではなく投球数を目安にするといい。

走り込みは強い下半身を作るためにも投手にとって必須だ。

練習試合や公式戦から逆算してメニューを組むこともできる。

筋力トレーニングは回数や重量を考えながら取り組もう。

例
- 月：ノースロー
- 火：走り込み
- 水：ピッチング
- 木：筋力トレーニング
- 金：ピッチング
- 土：練習試合
- 日：ピッチング

自分なりの1週間のメニューを組み立ててみよう。

厳しい練習のためには休息も必要

　上達のためにはある程度は練習量が必要だ。だが練習をやればやるほど正比例のグラフのようにうまくなるわけではない。特に成長期のカラダを酷使することは後々に悪影響があることも考えられる。

　練習をするほどうまくなることを実感できる時期には、疲れを忘れて練習に没頭してしまうこともある。しかし練習をしたら、それに見合った休息が必要。自分に合った適正な練習量を見極めることも大切だと知っておこう。

軸の作り方
安定した軸を作って真っ直ぐ立つ
一本足でバランスよく立つ

両肩は平行になるようにして上半身の余計な力は抜いておく。

頭の先から軸足の先端まで一本の棒のようにして立つ。

何十球投げても同じ姿勢で立てるように

片足で立ったときにバランスを崩してふらついたり、重心が前後左右どこかの方向に偏ったりするとその後の体重移動がスムーズにいかなくなる。安定した軸を作って、真っ直ぐに立つようにしよう。

何十球投げてもこの姿勢を変わらずに作れるようにならないと、踏み込み足を下ろすタイミングが早まったり、投球に体重が乗らなかったりする。コントロールや球速に影響してくるのだ。

顔だけは捕手のミットの方向を向ける。

腰を落としながら重心が前方へ移動し始めるがまだ片足で立っている。

背中が必要以上に丸まったり、逆に反ったりしない。

Basic of pitching

カラダの力の使い方

カラダの内側の力を意識する
投球時のパワーを外へ逃がさない

○ つま先が正面を向いて着地し、ヒザも絞る

リリースの瞬間にパワーを最大限に発揮する

　投球動作の流れの中で最大のパワーを発揮したいのがリリースの瞬間だ。それまではできるだけ力をため込み、一気にリリースにつなげるのが理想的な投球だ。
　そのためには踏み込み足のつま先は真っ直ぐにミットへ向けて着地した方がいい。外を向いているとその方向へパワーが逃げてしまうからだ。また上半身も内側にパワーをため込む。そこからリリースの瞬間に一気にカラダの軸を回転させると瞬間のパワーが大きくなる。

上半身の開きを最後まで抑えるとパワーをためることができる。

足の指先が正面を向き、ヒザから上が内側に絞れている。

PART ① ピッチングの基本　カラダの力の使い方

✕ ヒザが外を向いて、つま先も外に開いている

上体の開きが早いのでカラダ全体が外へ流れてしまっている。

足の指先が外を向いているのでそれに伴ってヒザも外を向いてしまう。

29

Basic of pitching

カラダの回転
カラダを早く開かない
開きが早いとパワーが分散し、コントロールが悪くなる原因にもなる。

CHECK!
ギリギリまで後方へ
カラダを絞っておく

カラダはバッターに対して横を向いた
ままボールを頭の後方へ持って行く。

ボールを後方へ持ち上げると
きまではカラダは開かない。

PART ❶ ピッチングの基本　カラダの回転

カラダの開きが早いと軸がぶれたりパワーが逃げてしまったりする。

CHECK!
後方に絞っていた腰を回転させる

リリースの瞬間に一気にカラダの軸を回転させる。

一気に軸回転して大きなパワーを生み出す

　球速は腕力だけで決まるものではない。腕のしなりや、上半身の軸回転のパワーも球速を上げるための重要な要素だ。軸回転とは投球の際に頭上から背骨にかけてを軸として、カラダの向きが横から正面に向く動作のことをいう。この軸回転のタイミングが早いことをカラダの開きが早いという。

　カラダの開きと腕の振りのタイミングを合わせれば、リリースの瞬間に最大のパワーを出すことができる。

Basic of pitching

軸回転の方法
カラダを小さく鋭く使う
力任せではなく腕のしなりを使って投げる

グラブをカラダに引き寄せ、腕のしなりを使って投げる。

カラダの開きと腕の振りのタイミングがバラバラで腕が外へ振られてしまっている。

PART ① ピッチングの基本 軸回転の方法

Front

CHECK!
グラブを
カラダに
引き寄せ
て軸回転

1 打者に対してカラダは横を向き、グラブをキャッチャーミットの方向へ向ける。

2 グラブを力強くカラダに引き寄せる。これがないと軸回転の半径が大きくなってスピードが上がらない。

3 カラダの軸を回転させて、それに伴って腕を振る。このときの腕の振りも小さく鋭く。

4 リリース後はカラダに近い位置に腕を振り抜く。

Back

CHECK!
ボールが
頭の後ろ
に隠れる
ようにす
る

1 打者に対して横を向きながらボールを後方へ持ち上げていく。

2 ボールを頭の後ろに構えると、半身になってカラダを小さく使える。

3 腕をムチのようにしならせてリリースする。

4 リリース後は背筋の伸縮も使って最後まで腕を振り抜く。

グラブをカラダに引き寄せ
鋭い軸回転をする

　フォームにはオーバースロー、スリークオーター、サイドスローなどがあるが、どれも基本は同じ。グラブをカラダに近い位置に引き寄せて軸回転を小さくする。グラブの引き寄せが甘いと軸の回転半径が大きくなって、回転スピードが上がらない。またボールが頭の後ろになったときに打者から隠れる位置になるようにして、そこから腕をムチのようにしならせて投げる。これが軸から遠いとパワーが外へ逃げてしまう。

Basic of pitching

Side-1

CHECK!
両腕、両脚を開くタイミングを合わせる

1 重心の移動とタイミングを合わせて両腕を広げていく。

2 足が開くのに伴って両腕もバランスよく開いていく。

上半身と下半身の連動
足の動作に合わせて腕を開く
バラバラな投球フォームでは悪影響ばかり

PART ❶ ピッチングの基本　上半身と下半身の連動

CHECK! 足が着地したら腕は振り始めていく

CHECK! 踏み込み足に重心が乗り切るのと腕の振りが同じタイミング

3 重心が乗ったところで腕を振り始めていく。

4 完全に重心が乗ったところでリリースする。

同じフォームで投げ続けるためのスタミナも必要

　前足に重心が乗っているのに、腕を振る準備ができていない。こんなバラバラなフォームにならないように上半身と下半身を連動させなければならない。

　バラバラな投球フォームでは、力がボールに正確に伝わらないので球速は上がらない。またリリースポイントが定まらないのでコントロールも悪くなる。特に試合の後半、スタミナ切れによって重心移動が早くなると起きやすい。

Basic of pitching

Side-1

CHECK! 親指のつけ根で安定して立つ！

1 セットポジションでもワインドアップでも、まずは打者を見て余計な力を入れずに構える。

2 しっかりと軸足に乗ってバランスを崩さないように足を上げ始める。

[足の上げ方]

バランスを崩さないで足を上げる

力まず真っ直ぐに上げる

PART ❶ ピッチングの基本　足の上げ方

CHECK!
足が高く上がっても
軸がぶれないように！

3 足が一番高く上がったときに、胸の前でヒザを抱えるようにする。

4 軸足の内側に体重を乗せながら、持ち上げた足を下ろし始める。

一定のテンポでスムーズに上げる

　足を上げるときにもっとも注意するのはバランスを崩さないこと。軸足一本で立ったときに前後左右へふらつくようでは安定して踏み込み足を出せない。

　そのためにはカラダ全体から余分な力を抜き、スムーズに足を上げることが大切だ。肩に力が入っていたりカラダがねじれたりしているとバランスを崩す原因になる。一定の速さで胸の前に真っ直ぐに上げるようにしよう。

Basic of pitching

上げた足は一旦下ろしてから前に出す

CHECK! 真っ直ぐに上げて直下に下ろす

1 セットアップで構える。

2 上半身は力まず、足を上げていく。

3 ヒザが一番高いポジションになったところで真っ直ぐに立つ。

足の裏で地面をするように

1 腰を曲げたり、反ったりしないで真っ直ぐに立つ。

2 ヒザから始動させるようにして足を持ち上げる。

3 完全な一本足になってもカラダは真っ直ぐに立つ。

PART ❶ ピッチングの基本　移動する足の軌跡

足を上げたまま重心移動しない

Front

CHECK! 地面をするように足を前方に出す

4 上げた足を高い位置から下ろすのではなく、一度地面に近い位置に下ろす。

5 地面に近い位置から足を開き、重心を移動していく。

6 重心を完全に移動させてリリースする。

踏み込み足が地面についてから体重を乗せる

Side-1

CHECK! 上げた足を一度下ろしてから開いていく

CHECK! 足の裏は地面ギリギリを移動する

4 足を地面に近い位置に下ろしながら重心を移動させ始める。

5 足の裏で地面をするような軌道で腕と足を開いていく。

6 着地したら重心を乗せてリリースする。

39

Basic of pitching

> 重心移動

重心をギリギリまで後ろに残す
低く踏み出しながら両手を広げていく

足を前に出しながらも軸足に全体重が乗っている状態になる。

重心を低くしながら足を踏み出す

　胸の前まで上げた足を下ろしながら体重を前に移動していくが、重心は最後まで軸足に残すようにする。ギリギリまで後方に残した体重を踏み込み足の着地と同時に一気に前に乗せていくためだ。
　このとき軸足に重心を残しやすいからといって、踏み込み足を高い位置から下ろさない。ドスンと着地すると、衝撃が大きくなるのでバランスが崩れたり、上半身がぶれたりしやすい。

軸足一本でしっかりと立って踏み込みに備える。

PART ❶ ピッチングの基本　重心移動

> ✗ 上げた足を高い位置から下ろしても軸足に乗っているように見えるが、着地が安定しない。

軸足のヒザを曲げて重心を低くしながら、踏み込み足を出していく。

Basic of pitching

踏み込み足
踏み込んだ足のヒザを曲げる
体重移動の勢いを吸収する

Multi Vision

後ろ足のヒザが地面に触れるほど低く。

重心移動の途中からヒザを軽く曲げて準備しておく。

後ろ足のヒザが地面に触れる程度まで曲げる

踏み込み足のヒザを曲げるのは以下のような理由がある。第一に重心を移動したときの衝撃を吸収して、曲げたヒザのバネを使ってリカバリーするため。第二にヒザを曲げないと棒立ちのようなフォームになってしまうため。これでは体重を十分に乗せることができない。

目安として後ろ足のヒザが地面に触れて、土がつくくらい。そのためには支える太モモやふくらはぎの筋力が必要。トレーニングを合わせて行おう。

踏み込み足が棒立ちになると、体重が乗らず上半身も突っ立ってしまう。

目一杯ヒザを曲げて勢いを吸収し、体重を支える。

Basic of pitching

リリースの瞬間に軸回転する

1 顔だけを捕手のミットに向けて、横を向いた状態で投球動作を始める。

2 足を上げたときには背中がわずかに打者の方を向く。

3 体重移動は臀部から先に前方へ出していく。

踏み込みまでは半身で軸を作る

1 打者に正対したところから自然に足を上げ始める。

2 足を上げ切ったところで上半身が横を向く。

3 重心移動していくときにカラダはやや後方を向く。顔だけは捕手のミットを見る。

ギリギリまで引き絞って一気に軸回転する

Top

4 踏み込み足が着地してもまだ上体は横を向いている。

5 リリースの瞬間に上半身を一気に軸回転させる。

6 軸回転に加えて上体をかぶせるようにしてフォロースルーをする。

軸を作って絞ったパワーを一気に放出する

Front

4 足が着地してもまだ肩のラインは斜め後方を向いている。

5 重心が踏み込み足に乗り切ったところで一気に軸回転する。

6 軸回転に加えて上体をかぶせてすべてのパワーを放出する。

Basic of pitching

リリースと重心移動の関係

重心が7割移動したところでボールをリリースする

投球の流れの中で重心の位置を意識してみる

**ビデオ撮影などで自分の
リリースの位置を確認**

リリースは重心が踏み込み足に7割乗ったところで行う。これよりも前だとボールにパワーが乗り切らないし、これより後でも着地した足は太モモの筋力を使ってリカバリーをし始めるのでパワーは分散してしまう。

この位置を投球フォームの流れの中で厳密に計ることはできない。もしビデオなどで撮影する機会があれば、自分のリリースの位置に注意して見てみよう。それを参考に前後の足の7対3の位置を感覚でカラダに染み込ませよう。

重心

両腕と両足を広げていくところでは重心はちょうど真ん中あたりにある。

PART ❶　ピッチングの基本　リリースと重心移動の関係

ここからさらに重心を乗せて、最後はフォロースルーのときに踏み込み足に全体重が乗るように。

リリースの瞬間に前後の足の7対3の辺りに重心がある。

重心

47

Basic of pitching

リリースポイント

リリースポイントで最大の力を出す

球速、コントロール、変化球に直結するリリースポイントをチェック

バランスやタイミングがずれるとリリースポイントで大きなパワーが出せない。

PART ❶　ピッチングの基本　リリースポイント

CHECK! カラダ全体のパワーをリリース時の指先に集中させる

Front

1 上半身にパワーをためながら踏み込んでいく。

2 腕をしならせてボールをリリースする。

3 リリースの瞬間の指先に最大のパワーを伝える。

4 振り下ろした腕は急に止めるのではなく、ムチをしならせるような使い方で振り切る。

CHECK! 軸回転と腕の振りを連動させる

Back

1 ボールを後ろに持ち上げるときまでは肩やヒジに余分な力を入れない。

2 上半身の軸回転と腕の振りを連動させながらリリースポイントへ向かう。

3 全身のパワーをリリースポイントに集中させる。

4 上体をかぶせてフォロースルーをする。

タイミング、バランスをリリースの瞬間に合わせる

　思うように球速が出ないときはリリースポイントで最大の力が出せているかをチェックしてみよう。重心の移動をスムーズにして腕の振りと上半身の軸回転のタイミングやバランスが合っていなければパワーがボールに伝えられない。

　速球に限らず変化球でもリリースポイントをチェックすると、変化量やキレに違いが出ることがある。それほどにリリースポイントは大切なことなのだ。

胸を張るように構える
ボールを持った手の甲を前方へ向けながら後方へ
手首、ヒジをねじって腕のしなりを作り出す

CHECK！ 手首、ヒジを絞っている

○ 手の甲は上を向きながら持ち上げ、構えたときに前方を向く

ヒジが鋭角になりしなりを自然に作り出せる

　ボールを頭の後ろに構えたときに手の甲が前を向くように構えるようにする。こうすることで自然に手首やヒジがねじられ、胸を張るような姿勢になる。この手首とヒジのねじりが腕を振るときのしなりを自然に作り出し、胸を張れば胸筋と腕を振るときのパワーとして使える。

　手首とヒジのひねりを作らない投球動作だと、腕力だけで強引に投げるようなフォームになる。これでは出せる球速の限界も低くなる。

CHECK！ 手首、ヒジが緩んでいる

✕ **ボールが前になると手首やヒジのねじりを使えない**

Basic of pitching

⭕ 耳に近い位置から出すと腕のしなりが十分に使える

握りを打者から隠す

ボールは耳に近いところから出す

カラダの開きが早くなるのを抑えられる

PART ❶ ピッチングの基本　握りを打者から隠す

✕ 耳から遠いとカラダの開きが早くなる原因になる

ボールを隠せるので
打者から見えにくい

　ボールを頭の後ろへ持っていったときの位置は耳に近いところがいい。この位置は打者からボールが見えにくい。つまりボールの出所が見えないので、タイミングが取りづらいのだ。また耳の位置を意識するとカラダの開きが早くなるのを抑えられる。

　顔から遠くにボールを構えてしまうと、腕の力だけで投げなければならない。これではカラダ全体のバネを使ったときのような勢いのあるボールは投げられない。

Basic of pitching

Side-1

1 最初はボールを下から回し込むのでグラブの側がやや上がる。

2 腕を後方へ振り上げていくにつれて両肩が平行になる。

体重移動と軸回転

肩とヒジが平行になるように体重を移動させる

左右のバランスを取りながら重心を移動させる

CHECK！ 両腕が開いた時に両肩が平行になる

CHECK！ ボールの位置が高くなっても両肩は平行のまま

3 着地の瞬間には完全に平行になる。このまま軸回転をするだけで真っ直ぐに力が伝わる。

4 耳の近くにボールを構えても左右の肩は平行を保たれている。

体重移動と軸回転がスムーズになる

　重心の移動からリリースへかけて、左右の肩が平行になっているのが望ましい。ボールを持った側が下がってしまっていると、体重が後方へ残りやすい。カラダを前方へ移動させ、一気に踏み込み足に体重を乗せた方が力は伝わりやすい。

　また軸回転をスムーズにするためにも左右の肩は平行になっていた方がいい。コマを回すときを考えてみるといい。どちらかが下がっていては回転しない。

Basic of pitching

✗ 耳の位置とボールの位置が離れてしまっている

CHECK!
遠心力で腕が外に振られる

1 耳から遠いところで構えるとボールの重みと遠心力で腕が外に振られてしまう。

2 スリークオーターのような腕の振りになってしまっている。

腕の振り

腕が遠心力で外に振られるのを防ぐ

オーバースローのつもりでも外に振られる

PART ① ピッチングの基本　腕の振り

Front

CHECK!
腕が斜めに振られる

CHECK!
リリース後の腕の位置がカラダから離れる

3 リリースの位置が定まらないので、コントロールがつきにくい。

4 フォロースルーも斜めになり、カラダから遠いところを通る。

コントロールに悪影響が大きい

　投法は何種類もあるが、オーバースローをしているつもりで腕が外に振られるのはマイナス点が多い。一見するとスリークオーターのように見えるが、実際は遠心力で腕が振られているためにリリースポイントが定まらない。リリースポイントが定まらないとコントロールに悪影響が出る。

　軸回転に負けない筋力が必要なのはもちろんだが、ボールを耳に近い位置から出せば防ぐことができる。

57

Basic of pitching

Front

CHECK！
グラブの先端から内側を向けるように

1 最初はグラブは下を向き、弧を描くように上げていく。

2 肩の高さまで上がったときに手首を曲げてグラブの先端が内を向く。

左右の腕のバランス
反対側の肩を内旋させてバランスを取る
ひねりながらカラダに引き寄せる

CHECK！ ヒジを軽く曲げて腕を内旋させる

3 腕が内旋するのに伴ってヒジも軽く曲がる。

4 投球に合わせて力強くカラダに引き寄せる。

左右の肩とヒジのバランスを取る

　ボールを持った手の甲を前に向けると腕が内旋することになる。これに合わせて、グラブをつけた側の肩と腕も内旋させると、左右の腕のバランスが取りやすい。その体勢からグラブと手首をひねりながらカラダに引き寄せる。ただ腕力だけで引き寄せるよりも力強くなる。

　あくまでも左右のバランスを取るために軽く内旋させること。引き寄せるのに支障が出るほど大げさにする必要はない。

Basic of pitching

投球時の目線 ❶
最後まで投げる コースを見る

目線を定めるとコントロールは上がる

投げたあとも目線を切らない

　ボールを投げるときに目で見ている方向へ投げる方が投げやすい。もちろん関係ないところを見ながらでも投げることはできるが、細かいコントロールを求めるなら、投げるコースを見た方がいい。
　リリースした後も目線を切らずにボールが捕手のミットに収まるまで見るように心がけよう。打者のスイングまで見ておけば、打球が目の前に転がってきたときの守備への反応も速くなる。

ボールがミットに入るまで目を離さない

PART ❶ ピッチングの基本　投球時の目線①

フォロースルーをしながらボールがミットに収まるまでボールを追う。

Basic of pitching

投球時の目線 ❷
目線を捕手の ミットに定める
ボールの軌道をイメージして投げる

キャッチャーが構えているのはインコースかアウトコースか、そこを見て投げる。

目線を切ると コントロールにも悪影響

　投球動作に入るとカラダは打者に対して一旦横を向くが、そのときも目線だけはしっかりと捕手のミットに向けておこう。ランナーを気にしたり下を向いたりして目線をミットから切ってしまうとフォームが一定しない原因になる。フォームが定まらないということはコントロールにも影響する。

　投球動作に入ったときから、ボールが指を離れてミットに収まるまでの軌道をイメージしておくくらいの気持ちで投げよう。

PART ❶ ピッチングの基本　投球時の目線②

Basic of pitching

リリース後の腕の振り

自分の手の残像とミットが重なるように

リリースしたボールはミットへ向かう

腕の振りが正確なら、ミットと腕の残像が重なる。コントロールの良し悪しにも影響する。

PART ① ピッチングの基本 リリース後の腕の振り

リリース後の手の残像がミットと重なることを意識していると最後まで目線を切らないことにもつながる。

腕の振りが真っ直ぐかどうかを見極める

　目線がしっかりと捕手のミットに向いていて、腕の振りが正確ならばボールをリリースしたあとの手の残像がミットと重なる。これができているとコントロールが定まりやすい。

　もし投球のたびにミットから左右へずれて腕の残像が残るようなら、その都度コントロールにばらつきが出る。また腕の振りが左右へぶれていることにもなるので、リリース時のパワーをボールに正確に伝え切れないことも考えられる。

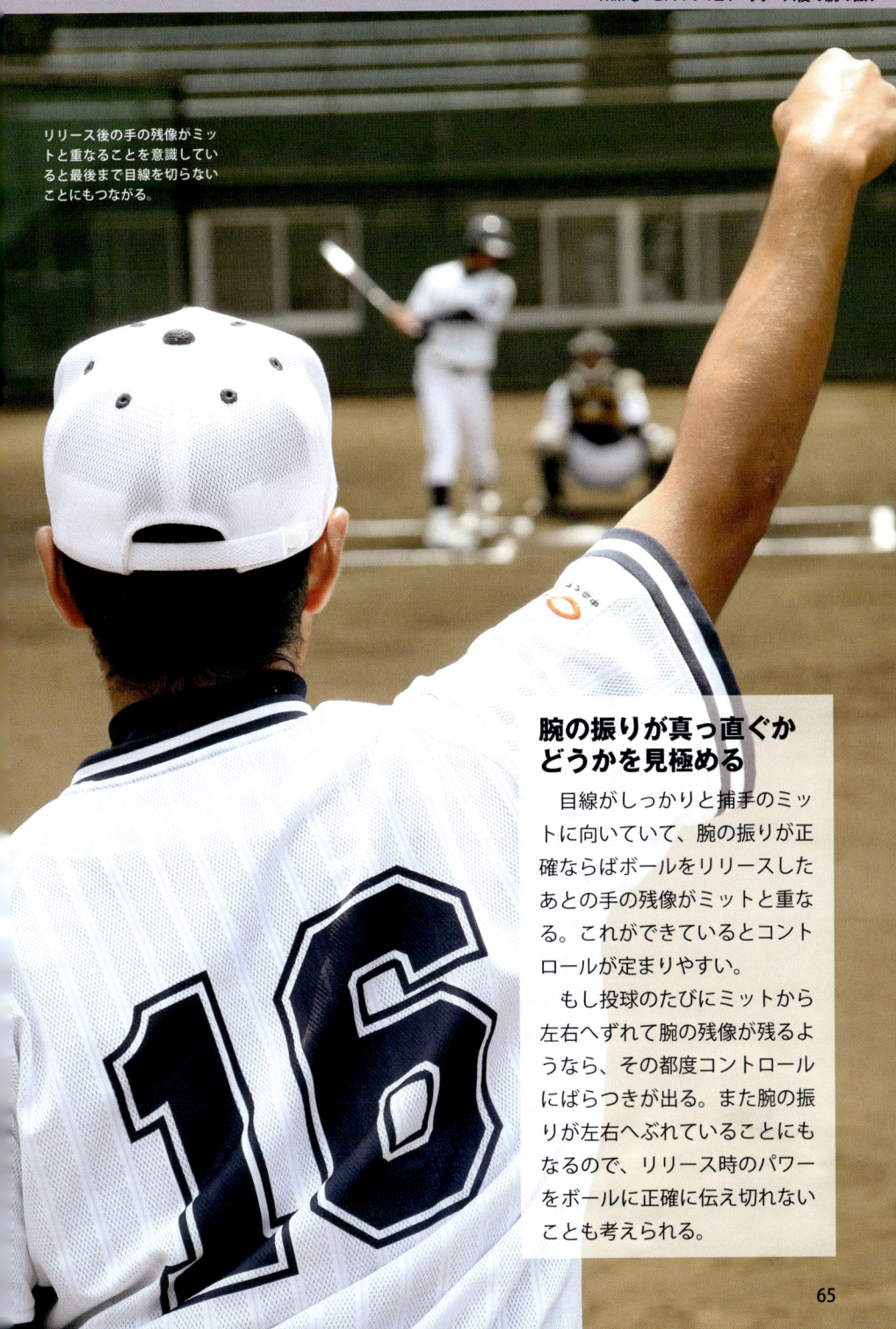

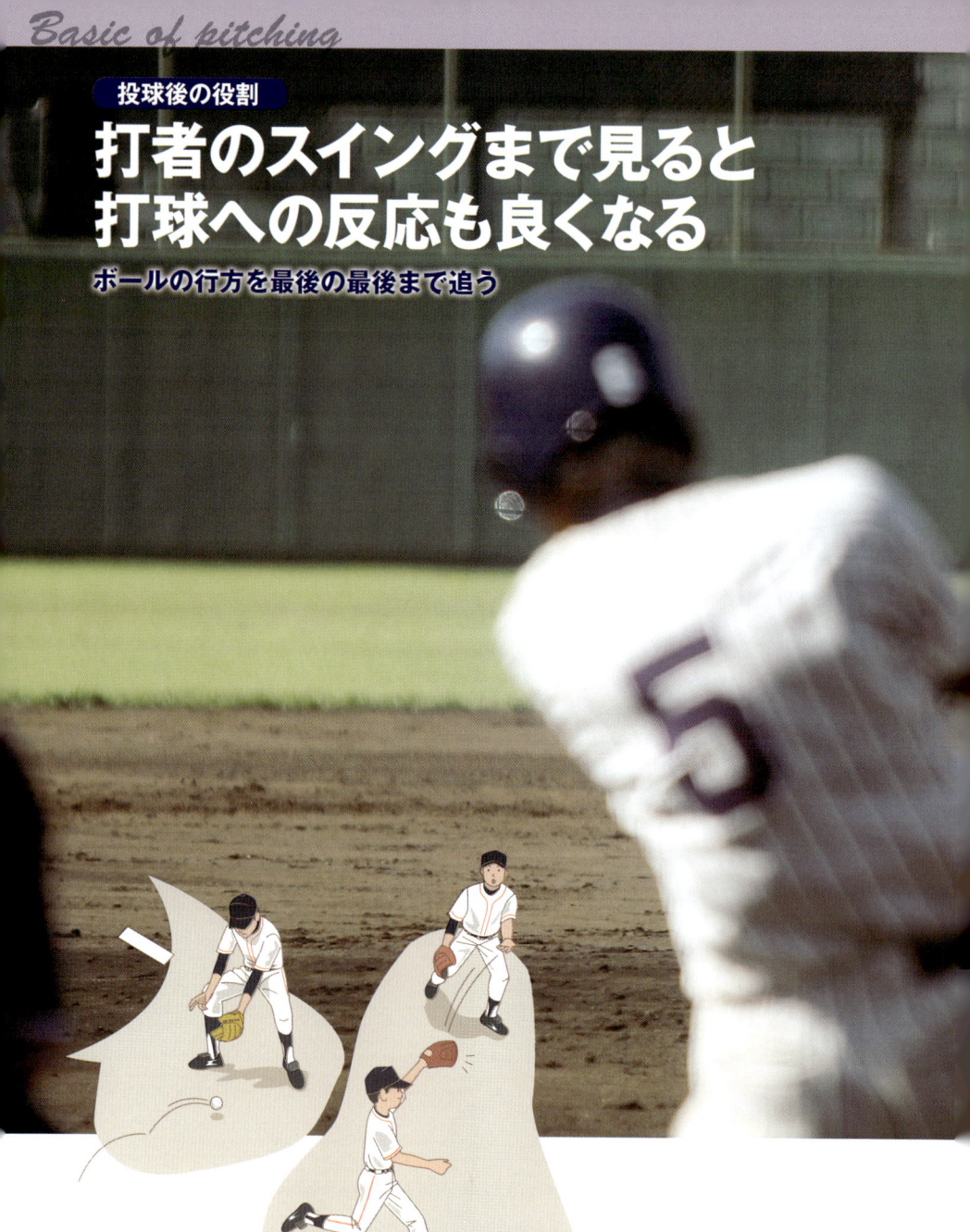

Basic of pitching

投球後の役割

打者のスイングまで見ると
打球への反応も良くなる

ボールの行方を最後の最後まで追う

打球によって瞬時に次の行動を判断しなければならない。

66

投球後は9人目の野手になる

　ボールを投げたあと投手は9人目の野手になる。打球が投手の守備範囲に転がってきたときはもちろんだが、内野手のローテーションで空いたベースのカバーに入ったり、返球のバックアップに回ったりもする。

投手強襲の打球から自らのカラダを守る必要もある。
　そのためには打者のスイングを最後まで見なければならない。打者の雰囲気やしぐさでセーフティーバントや盗塁を事前に察知することもできるかもしれない。

Column ❶

チームのエースは堂々とマウンドに立ち強気に攻めないといけない！

　投手はチームの大黒柱です。特に小・中学生ならチームの中心的な選手が投手を務めることが多いでしょう。投手がいつでも相手を0点に封じ込めることができればいいのですが、調子が悪かったり、実力を発揮できなかったりして打たれることも必ずあります。そんなときマウンドの上でうなだれたり、首を傾けたりする態度は絶対に避けるべきです。エースがそういう態度を取ることはチームの士気に直接関わるからです。

　投手はどれだけ打たれても打者に向かっていく気持ちが必要です。たとえ3本連続ホームランを打たれたとしても、次の打者には「打てるものなら打ってみろ！」と思えるくらいの気持ちの強さを持って欲しいのです。

　監督やコーチが子どもたちの気持ちの面を育てるのは難しいことです。厳しい練習を乗り越えさせることで精神力を鍛えることも一つの方法かもしれません。

　厳しい言葉で叱咤激励する方法もあると思います。私も大学生の選手たちをぼろくそに言うこともあります。でも一番大切なのは良い部分を見てあげることだと思っています。日々の練習で良くなっている部分を見つけてほめてあげることが監督・コーチの役割だと考えているのです。

　何か一つ自信を持たせるならコントロールが一番でしょう。「ここに投げれば打たれない」というコースに決める自信があれば、ピンチでも堂々とマウンドに立つことができるはずです。

Throw a change ball

変化球を身につける

どんなにいいボールを投げても、速球だけで打者を抑えるのは難しい。
そこで打者のタイミングを外したり、
ボールの軌道を変えたりする変化球を覚えたい。
自分のピッチングスタイルを考えて、
自分に合った変化球をマスターしよう。

PART 2

変化球の種類

どの変化球でも
基本フォームは変えずに投げる

ピッチングの可能性を広げる変化球を覚えよう

握りの違いで異なる
回転を生むから変化する

　ここで紹介する変化球は、カーブにスライダー、シュート、フォーク、シンカーの5種類。この変化球を覚える前に理解したいのが、どの変化球でもピッチングの基本フォームは変わらないということだ。変化球は、握りの違いから生まれる回転の違いと考えよう。

　もちろん、各々球質の特徴があり、投げるときの指先の感覚なども違う。身につけるためには投げ込みが必要だが、変にフォームを崩して故障の原因とならないよう注意しながら実践していこう。

● **カーブ**
ポピュラーな変化球。右投手が右打者に投げた場合、外角に大きく曲がる。直球や他の高速変化球に比べて球速が遅い分、重力の影響を受けて、真横というよりは斜め下方向に落ちていく

● **スライダー**
カーブと同様、右投手が右打者に投げると、外角に逃げていく変化を起こす。ただし、リリース後、ナチュラルに変化するカーブと違い、スライダーは打者の手前でカクっと曲がるのが特徴

● **シュート**
右利き同士の投手と打者が相対したとき、カーブやスライダーとは逆に、打者の内角に入っていく。球速は直球に近く、投手は詰まらせてゴロに打ち取りたい場面で使うことが多い

● **フォーク**
ボールの回転が少なく、ストレートに近い軌道から打者の手元で縦に大きく落ちるボール。打者に空振りをさせやすい球種であるが制球力に難がある

● **シンカー**
遅い回転でシュートしながら落ちる。おもにサイドスローやアンダースローの投手が使う球種で、日本では左投手が投げると「スクリューボール」と呼ばれる

Throw a change ball

カーブ&スローカーブ

打者のタイミングを外す投手の基本の変化球

打者の手元で曲がって落ちる

腕の振りと同方向へ曲がりながら落ちる。

手の平をピタリとボールに着けるのではなく、少し空間を開けて握ろう。

中指第一関節を縫い目に沿うように引っかけて握る。

速球と組み合わせて打者のタイミングを外す

　カーブは投手にとって基本の変化球だ。打者の胸元、腰の辺りから曲がって落ち、ストライクゾーンの低め一杯に決まるのが理想的だ。

　変化球の中でもスピードが出ないし変化に鋭さもないので、どんどん空振りを狙っていく変化球ではない。だが練習次第で他の変化球にはないほどの大きな変化を生み出すことができる。

　速球との組み合わせで打者のタイミングを外したり、配球のおもしろさを味わったりするには絶好の球種だ。

Throw a change ball

カーブ&スローカーブ

手首を曲げて
ボールに回転を加える

頭の後ろで手首を曲げて準備をする

Multi Vision

速球では手の甲が打者を向くが、カーブでは手首を曲げてボールが打者の方を向く。

ボールを頭の後方へ持っていくまでは他の球種と変わらない。

手首の曲げ方によって
変化も変わる

　頭の後ろにボールを構えたときに手首を曲げる。これを利用してリリース時にボールに回転を与える。この角度は手首やヒジの柔軟性によっても変わるので一概にどれだけ曲げればいいかを決めつけることはできない。またこれによって変化の仕方も変わる。

　このとき手首以外の投球フォームが他の球種と違っていると打者に球種をさとられてしまう。腕を上げるときの角度や踏み込みは変わらないようにしよう。

CHECK! 手首を曲げる

踏み込みやグラブの引きつけ方などは他の球種と変わらないようにする。

最後に手首を曲げてリリースの際にひねる準備をする。

Throw a change ball

カーブ&スローカーブ
手首をひねってリリースする

腕のしなりも利用しながらボールに回転を加える

CHECK! 手首を曲げたまま腕を振る

Multi Vision

手首をひねることで縫い目に引っかけた指先で回転をかける。

頭の後ろで曲げた手首をそのまま振ってくる。

PART ❷ 変化球を身につける　カーブ＆スローカーブ

滑らないように確実に
指を縫い目にかける

　頭の後ろで曲げた手首をそのまま振っていき、リリースの瞬間にひねりを加えてボールに回転を与える。このとき指先が滑ってしまわないように縫い目にしっかりと指先を引っかけておこう。

　ボールに回転をかけようという意識が強すぎると、リリースの瞬間に手首の使い方が固くなりがちになる。手首をひねると同時に指先の間から「ボールを抜く」という感覚で投げてみよう。

Multi Vision

腕の振りを利用して指の間から「ボールを抜く」という感覚にも近い。

CHECK！ 手首のひねりでボールに回転を加える

曲げた手首を逆にひねってリリース。ボールに回転を与える。

Throw a change ball

カーブ＆スローカーブ
リリース後に腕が
カラダに巻きつくように
余計な力を抜いて柔らかくフォロースルー

Multi Vision

腕が後方へ向かって柔らかくしなる。

腕は途中で止めようとしないで最後まで振り抜く。

フォロースルーは止めずに最後まで

　速球と同じように、カーブでもリリース後に腕の振りをムリに止めようとしないこと。最初から腕を止めることを考えていると、振り方そのものが小さくなったり、力を温存したりする原因になる。また途中で腕を止めることはヒジや肩に大きな負担にもなる。

　上体がかぶさるのに伴って、腕はカラダの下から後方へしなやかに伸びる。このときカラダに巻きつくような柔らかいフォロースルーになるのが理想的だ。

上体は前方へかぶさり、それに合わせて腕もカラダに巻きつく。

上体がかぶさって腕はそのカラダに巻きつくようになる。

Throw a change ball

スローカーブ

1 打者に正対してプレートを踏む。このとき指を縫い目にかけてカーブの握りに。

2 ミットから視線は切らずに投球動作を開始する。

3 バランスを崩さないように足を上げる。

CHECK！両肩は平行に

7 グラブの腕（左腕）を内旋させながらさらに腕を大きく広げる。

8 肩とヒジはできるだけ平行を保ちながら踏み出し足を着地させる。

9 頭の後ろで手首を曲げておく。

スピードは遅いが変化量の大きなカーブ

Side-1

CHECK! 軸をまっすぐにして立つ

4 足を胸の近くまで持ち上げてやや背中から重心を移動し始める。

5 軸足のヒザを曲げつつ腰の辺りから前に倒していく。

6 グラブを前方へ、ボールを後方へ弧を描くように開いていく。

CHECK! 曲げた手首をひねってリリースする

10 リリースで手首をひねり、ボールを抜くようにして回転を加える。

11 上体をかぶせるようにして全体重を踏み込み足に乗せる。

12 腕は途中で止めずにカラダに巻きつけるようにフォロースルーをする。

Throw a change ball

スローカーブ

1	2	3
軸足一本でふらつかないように立つ。	グラブを前に出しながら重心を移動していく。	グラブを力強く引き寄せながらボールを持った手を曲げておく。

スローカーブ

CHECK！
頭の後ろで手首を曲げておく

1	2	3
投球動作に入る前にグラブの中で指を縫い目にかけておく。	握りを打者に見られないようにカラダの後方へボールを持っていく。	頭の後ろで手首を曲げ、体重を前に乗せる。

腕のしなりを利用して手首をひねって回転を加える

Front

CHECK！手首のスナップを使う

4 曲げた手首を保ったまま腕のしなりを利用してひねっていく。

5 縫い目にかけた指が滑らないように手首をひねって回転をかける。

6 ミットから目線を離さないように、最後までフォロースルーをする。

打者の胸元辺りから大きく落とす

Back

4 手首をひねりながらリリースする。

5 最初からボールの軌道をイメージしておいてそこを最後まで見る。

6 カラダの下から巻きつくように腕を最後まで振り抜いていく。

Throw a change ball

カーブ

6 両手を左右に広げながらさらに体重を前にかける。

5 腰の辺りから前方に体重を乗せていく。

CHECK! ヒザを上げても軸はブレない

4 胸の前までグラブを下ろしてきて、ヒザを高い位置まで上げる。

CHECK! ヒザが地面につくくらい

CHECK! 腕をしならせて振る

12 踏み込み足に完全に乗って上体をかぶせるように。

11 後ろ足のヒザが地面に触れるくらい低い姿勢でフォロースルーする。

10 腕のしなりと手首のひねりでボールに回転を加えながらリリースする。

PART ❷ 変化球を身につける マルチアングル連続写真（カーブ・左投手）

打者の手前でブレーキがかかって曲がりながら落ちる

Side-2

CHECK！
目線を捕手のミットに定める

3 カラダは完全に横を向くが、顔は捕手のミットを見ておく。

2 腕を下ろしながら足を上げ始める。

1 打者に正対して振りかぶる。このとき肩の力を抜いてリラックスさせる。

CHECK！
グラブをカラダに引き寄せる

9 グラブを力強く引きつけながらボールを頭の後ろに構える。

8 胸を張るように両腕を大きく広げる。

7 両肩は平行を保ちながら重心はさらに低く。

Throw a change ball

カーブ

CHECK! 腕を内旋させてグラブの先端を前に向ける

CHECK! つま先やヒザが開かないように着地する

1 握りが打者から見えないようにグラブで隠しながら軸足一本で立つ。

2 ボールをカラダの後ろへ、グラブを投げる方向に向けて出す。

3 踏み込み足に重心を移してグラブを力強くカラダに引き寄せる。

カーブ

CHECK! ボールの握りが打者に見えないように

1 投球動作に入る前にグラブの中でカーブの握りを作っておく。

2 握りを自分のカラダで隠しながら後方へ。

3 頭の後ろで手首を曲げて回転をかける準備をする。

PART ❷ 変化球を身につける　マルチアングル連続写真（カーブ・左投手）

緩急で打者のタイミングを外す

Front

4 腕のひねりでボールに回転を加えてリリースする。

5 振り下ろした腕は途中で止めようとしない。

6 投げたあとも最後までボールを見る。

打者の腰の辺りから低目へ落とす

Back

CHECK！　手首のスナップを使う

CHECK！　自然に蹴り上げる

4 縫い目に引っかけた指先でボールに回転をかける。

5 前足に体重が乗るのに合わせて軸足を自然に引き寄せる。

6 後ろ足は自然に蹴り上げる形になる。

Throw a change ball

スライダー

鋭い変化で空振りを狙う
横方向に曲がる変化球

打者の手元で横や縦に鋭く曲がる

握りと腕の振りの違いでカーブよりも鋭い回転をかける。

人差し指と中指を縫い目に引っかけるが、
リリースの瞬間は中指により重点を置く。

速球と比べてややボールの中心から外す。

バットの芯を外したり
空振りを取ったりする

　スライダーはカーブよりもスピードがあり、打者の手前で鋭く変化する。「スライドする」ことから名前がついたように、横方向に滑るように曲がるのが基本だが、腕の振りや握りによっては縦方向や斜めに変化するスライダーもある。

　速球とのスピードの違いでタイミングを外すというよりは、バットの芯を外したり空振りを取ったりするための変化球だ。そのため速球とのスピードの違いが少ないほど効果的だ。

Throw a change ball

スライダー
ボールの中心の やや外を握る
中心から外したところに力を加えて回転をかける

手首で回転をかけるわけではないのでリリース時に曲げたりひねったりしない。

腕の振りは速球に近いのが理想

　ボールの中心を握ってリリースすれば真っ直ぐの回転がかかる。これが速球の投げ方だ。スライダーの場合は中心から少しだけ外す。

　すると外した方向へより強い力が加わる。これを利用して回転をかけるのだ。

　リリースの瞬間にカーブのように手首を曲げたり、腕にひねりを加えたりする必要はない。腕の振りは速球とほとんど変わらない。だから速球に近いスピードのボールを投げることができ、それが鋭い変化につながるのだ。

ボールの中心から外すことで回転を加える。

リリースの腕の振りは速球に近い。

Throw a change ball

スライダー

中指で切るような
リリースをする

鋭い回転をかける

腕の振りは速球と変わらず鋭く。

頭の後ろへ構えるまで
は速球と変わらない。

PART ❷ 変化球を身につける **スライダー**

回転をかけるという意識は強くなくていい

　カーブは手首を曲げたり、リリースの瞬間に腕をひねったりしてボールに回転をかける。そのため速球と比べてスピードが極端に落ちてしまう。

　スライダーでは腕や手首の使い方を速球とそれほど変えなくてもいい。回転をかけるという意識もそれほど強くなくてもいい。ボールの中心を外して握り、リリースの瞬間に縫い目にかけた中指でボールを切るようにすれば自然に回転がかかるのだ。

CHECK！
指先でボールを切るようにリリース

Multi Vision

ボールの外側を切るようにして回転をかける。

リリースの瞬間、ボールを中指で切る。

Throw a change ball

スライダー

CHECK! 両腕をバランスよく開いていく

CHECK! 上体は力まないで真っ直ぐに立つ

6 両腕で弧を描くようにして、ボールをカラダの後ろへ持っていく。

5 軸足を倒しながら腰から前方へ倒していく。

4 グラブを胸の前まで下ろして軸足一本で立つ。

12 後ろ足を自然に蹴り上げるようにしてリカバリーする。

11 踏み込み足に完全に体重を乗せて腕を振り切る。

10 後ろ足のヒザで地面をこするくらい低く。

PART ❷ 変化球を身につける　マルチアングル連続写真（スライダー・左投手）

速球のように力強いフォームで投げる

Side-2

3 カラダを横に向けて、足を上げ始める。

2 プレートの上で軸足を横へ向けながらグラブをゆっくり下ろしてくる。

1 投球動作に入る前にスライダーの握りをしておく。

CHECK! 手首をひねらない

CHECK! 踏み込みは低く鋭く

9 ボールを中指で切るようにしてリリースする。

8 グラブをカラダに引き寄せながらカラダの軸を回転させていく。

7 重心を低くして力強く踏み込む。

95

Throw a change ball

スライダー

CHECK! 最後まで捕手のミットを見る

CHECK! 手首をひねるのではなく指先で切るように

6 最後まで目線は切らずにフォロースルーをする。

5 人差し指と中指でボールを切るようにリリースする。

4 上半身の軸回転を使って力強く腕を振る。

スライダー

CHECK! 後ろ足を自然に蹴り上げる

6 自然な流れで後ろ足を蹴り上げる。

5 体重を完全に前足に乗せて後ろ足を引き寄せる。

4 ボールの中心からやや外を切るようにリリースする。

PART ❷ 変化球を身につける　マルチアングル連続写真（スライダー・左投手）

腕の振りを鋭くして球速のあるボールを投げる

Front

CHECK! 足の裏が地面に近いところを移動する

3 胸を張ってボールを頭の後ろへ持っていく。

2 踏み込み足を地面に近いところを滑らせるように移動させる。

1 スライダーの握りを作って投球動作に入る。

打者の手元で鋭く曲げる

Back

CHECK! ボールを耳に近い位置まで上げる

CHECK! 軸は真っ直ぐに

CHECK! ヒザを曲げて低い重心移動

3 頭の後ろからしなりを作って腕を振る。

2 軸足を曲げて低い姿勢で体重を移動させる。

1 ふらつかないように軸足一本で立つ。

97

Throw a change ball

シュート
投げた腕と同じ方向へ変化する
スライダーと逆の曲がりで打者の裏を突く

投げた腕と同方向へ曲がる。

リリースの瞬間は指の腹の内側で縫い目をこすり、腕のひねりと合わせて回転をかける。

中心よりも少しだけ内側で縫い目に指をかけて握る。

打者の胸元へ食い込むようなボールが効果的

　ボールの中心のやや内側を中指と人差し指をかけて握る。薬指、親指は添えるだけにする。スライダーとは逆の方向、つまり投げた腕の側へ変化する。また回転をかけるために手首を曲げたり、ひねったりしないので、球速は速球と比べてそれほど落ちない方がいい。

　右投手が右打者、左投手が左打者に投げると、胸元へ食い込んでくるような軌道になる。バットの根元で詰まらせて、内野ゴロを狙うような使い方が効果的だ。

Throw a change ball

Top

CHECK！
中指、人差し指がボールの中心より内側に

1 リリース時以外は投球フォームは他の球種と変わらないようにする。

2 ボールの少し内側を握る。

シュート
ボールの中心から
やや内側を握る
中指の位置がボールの中心に近い

CHECK!
腕を内側へねじって回転をかける

3 縫い目にかけた指でボールの内側をこするようにリリースする。

4 フォロースルーでは腕全体が内側へねじれる。

腕の振りは速球と変わらない

　シュートはスライダーとは逆に曲がる変化球だ。そのことからわかるように、スライダーはボールの中心よりも少し外側を握ったが、シュートは逆にやや内側を握る。

　またカーブのように手首を曲げたりひねったりした使い方はしない。腕の振りは速球と同じようにして、リリースの瞬間だけボールの内側をこするようにして回転をかける。そのためフォロースルーでは腕全体が内側にねじれたようになる。

シュート

1 セットポジションで構える場合、両足に同じように体重をかけて立つ。

CHECK! 両足でバランスよく立つ

2 プレートを踏んだ後ろ足に体重を乗せる。

CHECK! プレート上の軸足に体重を乗せる

3 ミットを見て、足を上げ始める。

7 両手を広げつつさらに前に移動する。

CHECK! 両腕を開いたとき両肩も平行になる

8 両肩、両腕を平行に保ったまま、踏み込み足を一杯に前に出す。

CHECK! ボールは耳に近い位置まで上げる

9 頭の後ろから力強く腕を振り始める。

PART ❷ 変化球を身につける　マルチアングル連続写真（シュート・右投手）

Side-1

リリース後に腕がねじれたようになる

CHECK！ ヒザが上がっても真っ直ぐに立つ

4 ヒザを高く上げても軸足で安定して立つようにする。

5 足を下ろしながら腰から前に体重を移動する。

6 重心を低く落としてさらに前に体重を乗せていく。

10 リリースの瞬間、ボールの縫い目にかけた指をこするようにして回転をかける。

11 フォロースルーで腕が内側へねじれるような形になるのがベスト。

12 前足に全体重を乗せて自然に上半身が起き上がる。

シュート

CHECK! グラブを前に出して腕を内旋させる

CHECK! ヒザが直角になるほど曲げる

1 カラダを真っ直ぐにして軸足一本で立つ。

2 グラブを前方へ出しながら重心を乗せていく。

3 ヒザを直角に近くなるほど曲げて踏ん張る。

シュート

CHECK! グラブでボールを隠す

CHECK! ヒザが地面に付くほど低く

1 グラブで握りを隠しながら投球を始める。

2 ボールを後方へ移動させながら軸足を曲げる。

3 後ろ足のヒザが地面に近くなるくらい低い姿勢で踏み込む。

PART ❷ 変化球を身につける　マルチアングル連続写真（シュート・右投手）

腕の振りは速球と同じように鋭く

Front

CHECK！
ボールを内側からこするようにリリース

4 リリースは速球とほとんど変わらずに、ボールの内側をこするだけ。

5 腕はしっかりと最後まで振り切る。

6 最後までミットを見て、打球にすばやく反応できるようにする。

ボールの内側をこするように内回転をかける

Back

4 回転をかけるという意識はそれほど強くなくてもいい。

5 速球のように力強く最後まで振り抜く。

6 後ろ足を自然な形で蹴り上げる。

Throw a change ball

フォーク

鋭い変化で空振りを狙う勝負球

打者の手元で急激に落ちる

打者の近くで変化するほど効果が大きい。

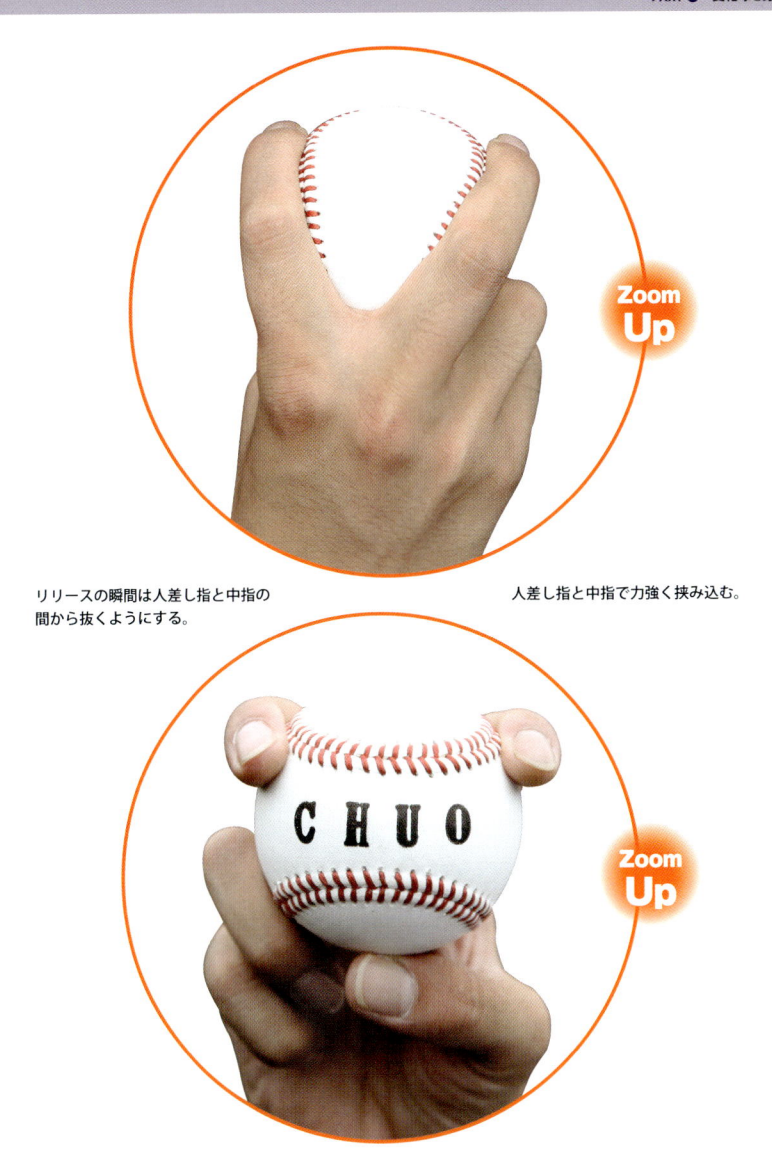

リリースの瞬間は人差し指と中指の間から抜くようにする。

人差し指と中指で力強く挟み込む。

低めに決めて空振りを狙う

　打者の手元で急激に失速してストンと落ちるのがフォークだ。打者にとって打ちやすい手頃なスピードのボールだと思わせてスイングをさせる。しかしバットを出したときには予測した軌道よりも下を通過しているのだ。

　狙い通りに決まったときにはなかなか打たれない。しかしいわゆる「すっぽ抜け」てしまうと、ストライクゾーンから大きく外れて暴投になったり、落ちずに棒球が真ん中へ行ったりする。諸刃の剣のような変化球だ。

Throw a change ball

フォーク

ボールを確実に挟めるように指を広げる

指が広がるかどうかがマスターのカギ

ボールを両側から挟めなければフォークは投げられない。

毎日少しずつ続けるのが大切

　フォークは人差し指と中指でボールを挟めなければ投げることはできない。手が小さかったり、指が広がらなかったり、まずここでつまずくことになる。縫い目に指を引っかければ投げられる他の変化球と比べて難易度は高い。

　そこで柔らかく野球のボールよりもひと回り小さいテニスボールなどを使って、指を広げ、握力をつけるトレーニングをしよう。いきなりムリをしないで毎日少しずつ慣らしていくことが大切だ。

柔らかいテニスボールなどを使って指を広げるトレーニングをする。

フォーク
フォークを投げるための トレーニング
指の握力は絶対に必要

テニスボールの形が変わるくらいの握力は欲しい。

深く挟んで指を広げられるようにする。

毎日継続して
やることが大切

　フォークを投げたときに、握りが甘いとすっぽ抜けたり、狙い通りに落ちなかったりする。暴投になれば自らピンチを広げてしまうし、棒球が行ってしまえば痛打を浴びることになる。そうならないためにも握力のトレーニングが必要だ。

　テニスボールやダンベルを使ったトレーニングが効果的だが、ムリは禁物だ。1日にたくさんの量をやるよりも、毎日継続してやった方が効果的。ケガの予防にもなる。

CHECK！
ダンベルを指だけで持ち上げるのも効果的なトレーニングだ！

Throw a change ball

フォーク

1 軸足をプレートに乗せてグラブの中でフォークの握りでボールを持つ。	**2** 軸足を横へ向けて片足で立つ準備をする。**CHECK!** 軸足に重心を乗せる	**3** 軸足を安定させて足を上げ始める。
7 両手、両足を大きく広げていく。**CHECK!** 両肩が平行になる	**8** 前足のヒザを曲げて低い位置で踏み込む。**CHECK!** ヒザが直角になるくらい曲げる	**9** 腕の振りは真っ直ぐ。他の変化球のように左右へは力をかけない。

腕は上から素直に振り下ろす

Side-1

4 胸の前でグラブを構えて、足を高く上げる。

5 まだグラブで握りを隠しながら体重を前に移動。

6 カラダでボールを隠せる位置から腕を上げていく。

10 指からボールを抜くようにしてリリースする。

11 カラダを前方へかぶせて腕を最後まで振り切る。

12 前足で踏ん張って上体を自然な流れで起こしていく。

Throw a change ball

フォーク

CHECK! 力強くグラブを引き寄せる

1 グラブを胸の前で構えて足を高く上げる。

2 カラダは倒さないように前方へ重心を移動していく。

3 グラブをカラダに力強く引き寄せて腕を振り始める。

フォーク

CHECK! ヒザを上げても軸はふらつかない

CHECK! 手首を真っ直ぐに固定する

1 肩の力を抜いて足を高く上げる。

2 ボールを握った手首を固定したまま腕を後ろに回していく。

3 体重を乗せながら腕を振り始める。

指で力強く挟んだボールを抜くように投げる

Front

CHECK! 指の間からボールを抜く

4 手首は固定して腕は真っ直ぐに振り下ろす。

5 ボールを指の間から抜くようにしてリリースする。

6 最後までミットから目を離さない。

手首を固定して真っ直ぐに振り抜く

Back

4 指の間で力強くボールを挟んで、すっぽ抜けないように腕を振る。

5 腕は真っ直ぐに振り下ろしていく。

6 後ろ足を自然に蹴り上げて勢いを吸収。上体を起こしていく。

Throw a change ball

シンカー＆スクリュー

打者のヒザ元へ曲げて落とす変化球

沈むような軌道でバットの芯を外す

投げた腕の方向へ曲がりながら沈む。

PART ❷ 変化球を身につける　シンカー＆スクリュー

薬指の側からボールを抜きつつ、腕
のひねりを使って回転をかける。

2本の指の内側を縫い目にかける。

右投手ならシンカー、
左投手ならスクリュー

　ボールの軌道は打者の手元でカーブとは逆の方向へ曲がりながら落ちる。シュートよりも球速が遅くなる。一般的に右投手が投げるとシンカー、左投手が投げるとスクリューと呼ぶ。

　指の内側を縫い目に引っかけて、リリースの瞬間にヒジをひねりながらボールを弾き出すように投げる。シュートと同じように、右投手が右打者に投げたときにヒザ元へ食い込むように変化する。バットの根元で引っかけさせてゴロを打たせやすい。

117

シンカー&スクリュー
ヒジを使ってひねり込む
リリース後に手のひらは外を向く

リリースの瞬間、ヒジをひねって回転をかける。

**シュートにはない、
曲げて落とす変化**

　同じ方向の変化球にシュートがある。シュートは握りの位置をボールの中心から外してボールに回転をかける。シンカーはそこからさらにヒジをひねり込むように使って、回転をかけるようにする。

　腕の振りにひねりを加えるために、シュートよりも球速は遅くなる。その分シュートにはない「曲がって落ちる」という変化をさせることができるのだ。

　打者のヒザ元へ落として引っかけさせるのが効果的な使い方だ。

PART ❷ 変化球を身につける　シンカー＆スクリュー

内側から外方向へ腕をねじっている。

1 ボールがヒジと頭の間を通るように腕を振っていく。

2 リリースのあと、手のひらが外を向くようになる。

Throw a change ball

シンカー

CHECK! 捕手のミットに目標を定めて最後まで見る

1 両足にバランスよく体重を乗せて真っ直ぐに立つ。

2 カラダは真っ直ぐの状態を保ったまま足を上げ始める。

3 足が高く上がったところでグラブは胸の前で構えておく。

CHECK! ボールの内側を握って回転をかける

7 グラブをつけた肩を内旋させながら足を大きく踏み出していく。

8 グラブを力強く引き寄せてカラダの軸を回転させながら腕を振る。

9 腕は内側からひねり込むような軌道を描く。

腕を外へひねりながら指で弾き出す

Side-1

4	軸足の内側へ体重を乗せながら重心を移動していく。
5	重心を落としながらさらに体重を移動する。
6	両手両足をバランスよく広げていく。

CHECK！ ヒジをひねり込むように使う

10	指先でボールを弾き出したあと腕は内旋する。
11	上体をかぶせて最後までリリースの腕を止めない。
12	前足一本で勢いを吸収して体勢を立て直す。

Throw a change ball

シンカー

1	2	3
片足でバランスを取って真っ直ぐに立つ。	腕、足のタイミングを揃えて前に重心を移動させる。	ボールを持った側のヒジを立てるようにするとひねりを加えやすい。

シンカー

1	2	3
シンカーの握りを投球動作前に作っておき、グラブに入れておく。	カラダの後方へ腕を回しながら上げていく。	腕を上げたところからヒジを外へ向ければヒジのひねり込みがスムーズになる。

PART ② 変化球を身につける　マルチアングル連続写真（シンカー・右投手）

ヒジ、肩を使って内側へひねり込む

Front

CHECK！
腕をひねり込むように使う

CHECK！
リリース後はヒジがねじれたようになる

4 ヒジと頭の間をボールが通過するようにして腕をひねり込む。

5 リリース後の腕は内旋してねじれた状態になる。

6 最後までボールを見て体勢を立て直す。

指で弾き出すように投げる

Back

CHECK！
中指の側からボールに回転をかける

4 指で弾き出すようにしてボールに外回転を加える。

5 リリースで腕は外側へねじれるようになる。

6 腕は最後まで振り切り、後ろ足は自然に蹴り上げる。

Column 2

運動におけるカラダの正しい使い方を覚えるために野球以外のスポーツにも興味を持とう!

最近の学生たちを見ていて思うのは、カラダの正しい使い方ができない子が多いということです。たとえばピッチングで片足を上げたときに、軸足の小指の側に体重が乗ってしまうのです。本来なら親指の付け根に体重を乗せて立つべきです。そうしないと重心移動のときに小指側から親指側に一度体重を乗せ換えることになります。小さなことだと思うかもしれませんが、この数センチのブレが踏み込み足の安定感に大きな影響を及ぼすのです。

この原因として考えられるのは、子どもの頃から野球をやっていると他のスポーツをやる機会がないことにあるように思います。野球しかしないと、使う筋肉も神経も偏ってしまうのです。いろいろなスポーツを経験すればいろいろなカラダの使い方ができるようになるでしょう。結局はそれが野球に生きてくるのです。

子どもの頃から性能のいいシューズに慣れてしまっているのも原因の一つかもしれません。親指の付け根にある拇指球で踏ん張らなくてもシューズが動きをサポートしてくれます。これでは使わない部分のカラダの機能はどんどん弱くなってしまいます。

酷使をするのが良いわけではないですが、カラダを甘やかさない、しっかりとした使い方を覚えることは幼少期からやるべきことだと思います。

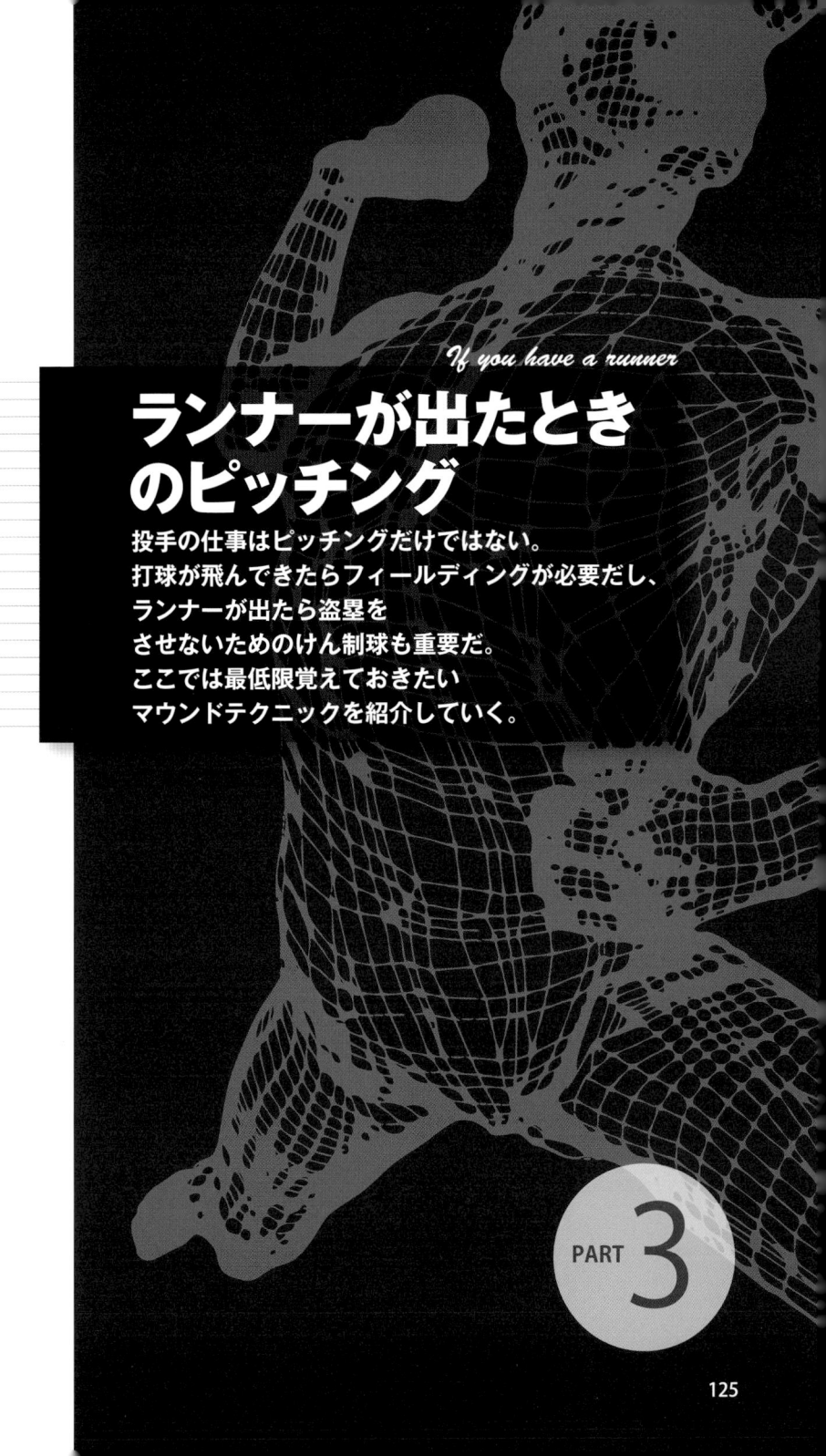

If you have a runner

ランナーが出たときのピッチング

投手の仕事はピッチングだけではない。
打球が飛んできたらフィールディングが必要だし、
ランナーが出たら盗塁を
させないためのけん制球も重要だ。
ここでは最低限覚えておきたい
マウンドテクニックを紹介していく。

PART 3

If you have a runner

セットポジション

CHECK! 両足でバランスよく立つ

CHECK! ヒザを十分な高さまで上げる

1 グラブを正面で構えて静止する。このとき軸足でプレートを踏む。

2 軸足に体重を乗せて足を上げ始める。

3 足は高い位置まで上げて踏み込んだ方が反動を利用できるので球速も出やすい。

CHECK! 全体重を乗せてリリースする

7 踏み込み足を着地させて、グラブを力強く引き寄せていく。

8 カラダの軸を回転させながら腕を振ってリリース。

9 重心移動、腕の振り、上体を開くタイミングが揃ったときにリリースできるようにする。

走者がスタートする心配がないときの投球法

Side-1

CHECK!
地面に近い位置まで下ろす

4 腰の辺りから前方へ移動させて重心を移動していく。

5 軸足がさらに倒れていって勢いがつく。

6 両手を弧を描くように広げ、足を大きく踏み出していく。

10 上体をかぶせるようにしてフォロースルーする。

11 腕を止めずに最後まで振り切る。

12 前足の脚力をクッションのように使って体勢を立て直す。

If you have a runner

セットポジション

CHECK! 足を上げても軸はぶれないように

1 軸足でプレートを踏み、上げる足はそれに平行して構える。

2 足を高く上げて、下ろす際の反動を投球にいかす。

3 足を下ろす勢いで軸足を倒しながら体重を乗せる。

セットポジション

CHECK! かまないで真っ直ぐに立つ

CHECK! 踏み込み足は地面に近いところを移動

1 両足に同じように体重を乗せて真っ直ぐに立つ。

2 足を上げるときに肩や上半身など余計なところに力を入れない。

3 上げた足を下ろしながら腕を後方へ上げてくる。

PART ③　ランナーが出たときのピッチング　セットポジション

足を高く上げてワインドアップに負けない勢いをつける

Front

CHECK!
低く鋭く
踏み込む

4 踏み込んだ足のつま先は正面を向くが、カラダはまだ開かない。

5 カラダの軸回転と腕の振りのタイミングを合わせて、一気にリリースする。

6 最後までボールを目で追いながら体勢を立て直す。

高く上げた足を一旦下ろして重心を移動する

Back

4 前足が着地したら胸を張るようにして腕を振り始める。

5 カラダ全体を弓のようにしならせてリリースする。

6 投球の反動に合わせて後ろ足を引き寄せつつ、蹴り上げる。

129

If you have a runner

クイックモーション

CHECK! ヒザは軽く曲げるだけ

CHECK! 足を上げるのとほぼ同時に重心移動

1 軸足でプレートを踏んでグラブをカラダの前で構える。この状態で完全に静止する。

2 足を高く上げるのを省略。投球動作の開始と同時に重心を移動させる。

3 足を下ろす反動を使えないので、体重の乗りは弱くなる。

CHECK! セットポジションのときと同じように力強く踏み込む

7 足を大きく踏み出して一気に体重を乗せる。

8 上半身を軸回転させてパワーを放出する。

9 カラダをかぶせながらリリースする。

PART ③ ランナーが出たときのピッチング　クイックモーション

盗塁を警戒したすばやい投球フォーム

Side-1

CHECK!
ここでセットポジションで足を下ろしたときの体勢になる

4 足を上げてないのでここまで1秒もかかっていない。

5 ここからはセットポジションとほとんど変わらない。

6 上体はできるだけ倒さずに、重心を前に乗せていく。

10 腕を途中で止めずにしっかり振り切る。

11 前足のバネを使って勢いを吸収する。

12 片足でバランスを取りながら体勢を立て直す。

131

If you have a runner

クイックモーション

CHECK！ 足を上げるのと同時に腰を落とす

1 グラブを構えて静止する。

2 足を上げないので始動と同時に腰を落とし始める。

3 すばやく前方へ体重を移動していく。

クイックモーション

CHECK！ 低く鋭く踏み込む

1 軸足をプレートに乗せて、前足は平行しておく。

2 足は地面から数センチのところを滑らせるように移動させる。

3 一気に腰を落として前方へ移動していく。

PART 3　ランナーが出たときのピッチング　クイックモーション

足を上げる動作を省略する

Front

CHECK!
クイックでも力強く踏み込む

4 踏み込み足を着地させて重心を乗せる。

5 カラダの軸回転を利用して腕を振る。

6 リリース後もミットを見て次の動作に備える。

足を上げると同時に重心を移動する

Back

4 後ろ足の蹴る力で前足を大きく踏み出す。

5 すべての力をリリースに合わせて出し切る。

6 後ろ足を蹴り上げてフォロースルーをする。

If you have a runner

一塁けん制球

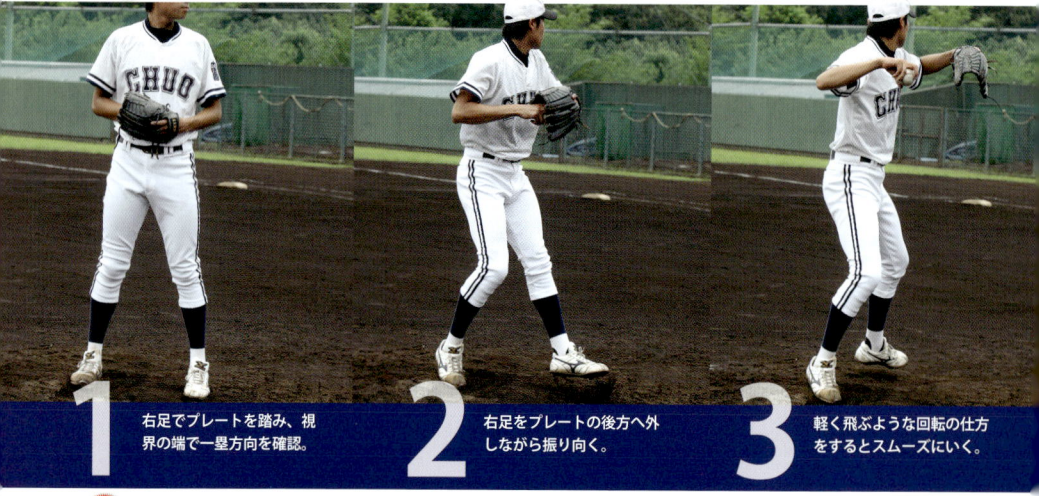

1 右足でプレートを踏み、視界の端で一塁方向を確認。

2 右足をプレートの後方へ外しながら振り向く。

3 軽く飛ぶような回転の仕方をするとスムーズにいく。

一塁けん制球

1 横目でランナーを確認しつつ、セットポジションに入る。

2 左足を残したまま右足を外して振り向き始める。

3 顔から先に一塁方向を向けるようにすると速く回転できる。

一塁けん制球

俊足ランナーに使うと効果的

リードを小さくさせる

PART ③　ランナーが出たときのピッチング　一塁けん制球

盗塁やヒットエンドランのスタートを遅らせる

Back

4 左足を一塁方向へ出して腕を振りかぶる。

5 一塁手の構えるグラブを真っ直ぐに見て投げる。

6 悪送球をしないようにしっかりと腕を振り切って投げる。

顔を先に向けると失敗が少ない

Front

4 左足のつま先を真っ直ぐ一塁方向へ向ける。

5 早く投げることだけを考えず、しっかりとしたフォームで投げること。

6 一塁手のグラブへしっかりとコントロールする。

左投手は有利だが
ボークには注意

　一塁へのけん制球は、右投手の場合、プレートを踏んだ右足をプレートの後方へ外しつつカラダを回転させて投げる方法が基本だ。ランナーを刺そうとし過ぎると悪送球の原因になる。しっかりと腕を振って正確に投げよう。

　左投手の場合はプレートを踏んだままけん制ができる。このとき右足を一塁方向へしっかりと踏み出して、けん制の動作に入ったら途中で止めないこと。けん制の動作を始めたのに送球しないとボークになるので、注意が必要だ。

If you have a runner

📷 二塁けん制球

1 ランナーと二塁手、遊撃手の位置を確認する。

2 投球のための静止状態をとる。このときベースカバーに入る野手とのタイミングを図る。

3 プレートに乗った足を外しながら回転を始める。

📷 二塁けん制球

1 捕手と二塁を交互に見てランナーを警戒する。

2 静止して投球動作に入ったふりをする。

3 右足をプレートから外し、顔から先に回して回転。

二塁けん制球

二塁ランナーの飛び出しを狙う

顔を先に向けてから回転するとスムーズ

PART ③　ランナーが出たときのピッチング　二塁けん制

二塁手や遊撃手とタイミングを合わせる

Front

4 足を二塁方向へ真っ直ぐに出す。回転しながら腕は投げる準備ができる。

5 ベースカバーの野手のグラブへ向かって送球する。

6 暴投を防ぐためにも最後まで腕を振る。

送球相手をしっかりと目で確認する

Back

4 野手がベースカバーに入るのを確認しながら左足を二塁へ向かって出す。

5 回転が終わったときには、腕は投球の準備ができている。

6 グラブに近いところへコントロールすればタッチまでの時間も短縮できる。

身体を180度回転させて送球する

　二塁へのけん制はプレートを外して反時計回りに回転して投げるのが一般的だ。身体は180度回転するが、腕を構え直す必要はなく、すぐに送球ができる。

　プレートを踏んだまま投球動作のふりをして、足を上げたときの反動を使って時計回りに回転する方法もある。この場合は回転しながら送球のための腕を構え直さなければならない。このとき、一塁けん制と違って途中で止めてもボークにはならない。

137

If you have a runner

三塁けん制球

1 投球動作に入ったところでランナーと三塁手の位置を確認しておく。

2 打者の方を見て静止。投球動作に入るふりをする。

3 投球のように左足を上げる。

三塁けん制球

1 ランナーに顔を向けてリードの大きさや動いてくる気配を探る。

2 バッターへ顔を向けて、投球動作のために静止。

3 足を上げて投球動作に入ったふりをする。

三塁けん制球
上げた足を三塁方向へ出す
三塁手とのタイミングを合わせる

左投手の一塁へのけん制を鏡に映す

4 打者の方向ではなく、三塁の方向へ足を踏み出す。

5 暴投を防ぐためにもつま先は真っ直ぐに三塁方向へ出すこと。

6 しっかりと腕を上げて送球。最後まで振り切る。

スクイズを予測して、ランナーのスタートを遅らせる

4 体重をバッターの方向ではなく、三塁方向へ乗せる。

5 足を真っ直ぐ前に出して腕をしっかりと振り上げる。

6 最後まで腕を振り、悪送球を防ぐ。

途中でやめても
ボークにはならない

　右投手の三塁へのけん制は、左投手の一塁へのけん制を鏡に映したようなもの。プレートを踏んだまま、投球動作のふりをして足を上げ、その足を三塁の方向へ踏み出して送球する。ただし一塁へのけん制と違って、途中で止めてもボークにはならない。

　三塁手はベースに張り付いているわけではないので、二塁へのけん制と同様に、タイミングを合わせることも必要だ。また左投手は右投手の一塁方向へのけん制を参考にしよう。

ベースカバー・フィールディング
投手は9人目の野手になる
ゴロや強襲などにすばやく反応する

投手は投げ終わった瞬間から野手の1人。フィールディングやベースカバーは最低限の技術だ。

投球後も気を抜かずに適切に行動する

　投手は9人目の野手とよくいわれる。投球したあともバントが投手前に転がればすばやいダッシュで処理しなければならないし、強襲打にはたとえライナーで捕球することはできなくてもすばやくグラブを出して反応しなければならない。

　また一塁手がバント処理や二塁側への打球でベースを離れたときは、一塁のベースカバーに入る。このときランナーと交錯しないように気をつけること。

一塁手がバント処理などでベースを離れたときは投手がベースカバーに入る。

PART 3　ランナーが出たときのピッチング　ベースカバー・フィールディング

Column 3

野球は
ユニフォームを
着ていないときに
うまくなる！

　投手を任された皆さんに伝えたいことがあります。
　それは「野球はユニフォームを着ていないところでもうまくなる！」ということです。
　駅の階段では1段跳びで上って瞬発力と筋力をトレーニングする。電車の中ではカカトを上げてふくらはぎの筋力強化とバランス感覚を養う。テレビを見ながらテニスボールで握力を鍛えることだってできます。
　大きな声であいさつをするのも大事なことです。
　「礼儀」「気持ち」といった精神論的な意味合いももちろんあります。でも本当に大事なのは大きな声を出すということそのものです。プレー中の声の連携というのは野球には欠かせません。打球が飛んだときに瞬間的に大きな声でコーチングができるかどうかは、普段から元気なあいさつをできることとつながっていると思うのです。
　「野球がうまくなりたい」と思うのは大切です。でも、そこで止まってしまっては何にもなりません。「プロ野球選手になりたい」と願うだけでは絶対になれません。誰かにこれをやりなさいと言われて、やるだけでは不十分です。「こうなりたい。では何をすればいいのか!?」を自分で考えて、それを実行していける選手になって欲しいと思います。

Pitching troubles and solutions

ピッチングの悩み解決

投手をしていれば「最近どうも調子が悪い」
という問題が必ず出てくる。
そんなときに自分のフォームを
客観的に分析できれば復調も早い。
ここでは不調になる原因と修正法、
トレーニング法などを解説する。

PART 4

Pitching troubles and solutions

バランスが崩れてしまう
上半身と下半身の タイミングがずれる

足を上げる高さが数センチ変わるだけで フォーム全体に影響がある

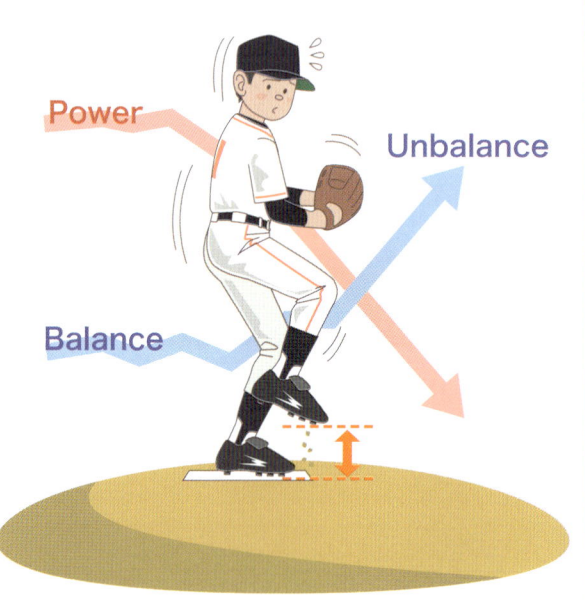

Power

Unbalance

Balance

ピッチングフォームの一連の流れの中で、どこかのタイミングがずれたり、疲労が原因でいつものカラダの使い方ができなくなったりすると、球速やコントロールに影響が出てしまう。

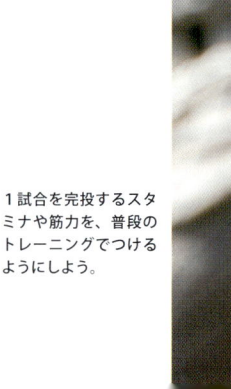

1試合を完投するスタミナや筋力を、普段のトレーニングでつけるようにしよう。

体重移動やカラダの開きが早くなる

　バランスが崩れるといってもいろいろある。一例を挙げると、疲れて足の上げ方が低くなると、重心の移動のタイミングが普段よりも早くなる。すると体重が十分に乗せられない。同じように足を踏み出すタイミングが早くなると下半身は投球の準備ができているのに腕がまだ、ということが起こる。するとカラダの開きが早いという現象につながるのだ。
　これらを防ぐには、何球投げてもバテないスタミナや筋力をつけなければならない。

子どものトレーニング

カラダの成長に合わせた
トレーニングをする

軽いテニスボールは絶好のトレーニング道具になる

テニスボールで変化球の手首やひじの使い方を試してみる。

成長期前の厳し過ぎる
練習は逆効果

　成長期前はカラダが厳しいトレーニングに耐えられない。この時期に筋力トレーニングをし過ぎたり、過酷な練習をしたりするとケガの原因にもなる。カラダの成長を見極めて、それに合わせたトレーニングを行う必要がある。

　変化球の習得では最初から野球のボールで投げなくてもいい。軽いテニスボールなどで握りを試したり、フォークボールの指の開きを作ったりできる。実際に軽く投げてみて手首やヒジの使い方を試してみるのもいい。

テニスボールで握りを確認してみる。

握力専用のトレーニング器具がなくても代用できる。

重心移動ができず球威が落ちる
深い踏み込みが身につくトレーニング
踏み出す位置を高くして体重を乗せる

CHECK!
小さめのマウンドのような山を作って重心移動を身につける

強制的に
低い踏み込み足を作る

　ピッチングでは前に踏み出した足に体重を乗せて投球をする。このとき体重の乗せ方が甘いと球速が出なかったり、球威が落ちたりする。そうならないために、重心移動を確実に身につけるのに効果的なのがこの練習法だ。

　着地の位置を軸足よりも10センチ程度高くする。体重の乗せ方が甘いとストライクゾーンへコントロールできない。普段よりも深くヒザを曲げるつもりで重心を移動していかなければならないのだ。

コントロールが悪い①
軸の安定はコントロールの良さにつながる
軸足で真っ直ぐに立てているかをチェックする

最初がぶれていると最後も定まらない

コントロールが良くならないときにはまず軸足一本になったときに真っ直ぐに立っているかをチェックしよう。足を上げただけで左右へふらついたり、体重移動へ移るときに突っ込み過ぎたりしていないかも確認する。

バランスを取らなければいけない動作なので、目標物をミットに定めて視線を動かさないことも大切。投球動作に入る前はランナーを見るために顔を動かすこともあるが、始動したら投球に集中しよう。

CHECK! 両脚に同じ体重をかけて立つ！

CHECK! 親指の側に体重を乗せる！

1 軸足になる足場を固めて両足でしっかりと立つ。

2 上半身には余計な力は入れないで真っ直ぐに足を上げる。

PART 4　ピッチングの悩み解決　コントロールが悪い①

Multi Vision

Back

1 軸足がかかるプレートとその周辺の足場を固める。

2 軸足で立つ動作と体重を移動する動作を分けて、カラダが突っ込まないようにする。

Front

3 目線をミット一点に定めて動かさないことも大切だ。

4 最初が安定していなければコントロールは定まらない。

151

Pitching troubles and solutions

コントロールが悪い②
リリースの瞬間に
カラダを正面を向ける

へそと肩の向きをチェックする

両肩とへそを結んだ三角形が
正面を向く

　リリースの瞬間のカラダの状態もコントロールの良し悪しを決める要素だ。投球動作の途中まではカラダは横を向いているが、リリースのときには上体が軸回転をして正面を向く。これがまだ回転の途中だと、指先から離れたボールは狙い通りのところへ飛ばない。

　カラダが正面を向いているかの目安になるのが、両肩とへそを結んだ三角形が正面を向いているかだ。特にへそが横を向いていると上体の回転が足りないということになる。

カラダが正面を向けばボールは真っ直ぐに飛びやすい。

PART 4 ピッチングの悩み解決 コントロールが悪い②

Pitching troubles and solutions

球速をアップしたい
強い腕の振りを支えるために下半身を安定させる
下半身が安定すると上半身を強く使える

CHECK！ 指先でボールを鋭く切っているかも球速を上げるための大切な要素だ

投球フォームは
すべてが連動している

　今よりも球速を上げたいと思ったら、下半身の強化に取り組んでみよう。球速には腕や肩を強化しなければならないと思えるが、これは「地肩が強い」という言葉があるように元々持っている能力が関係しやすい。下半身の安定感が増せば、強い腕の振りや速い軸回転を支えることができるのだ。

　指先の使い方も球速に影響する。リリースの瞬間に「ボールを切る」指先の使い方ができているかチェックしてみよう。

CHECK!
踏み込みが低く鋭く強くなれば球速は上がる

下半身強化法①
ゴー、バックで足腰を強化する
低い姿勢でサイドステップをする

① 1回目の合図でサイドステップで横移動する。

② 2回目の合図ですばやくスタート位置まで戻ってからダッシュする。距離は20〜30メートル。

スタートライン

すばやくターンしてダッシュ

塁上でリードする要領でサイドステップ

強い下半身を作る
ターン&ダッシュ

　ランナーは盗塁、進塁で効率よくスタートを切らなければならない。このとき進塁するときには反応良くゴー、けん制球に対してはすばやくバックする。その練習がこれ。1回目の合図でサイドステップ、2回目の合図ですばやくスタート位置まで戻ってターンしてダッシュ。

　投手には必要ないと思われがちだが、低い姿勢でサイドステップをするのは足腰の強化に役に立つ。野手と一緒にやれば競争心も出るので効果も上がる。

下半身強化法②
シャトルランで足腰を効果的に強化する
低い姿勢ですばやくターン

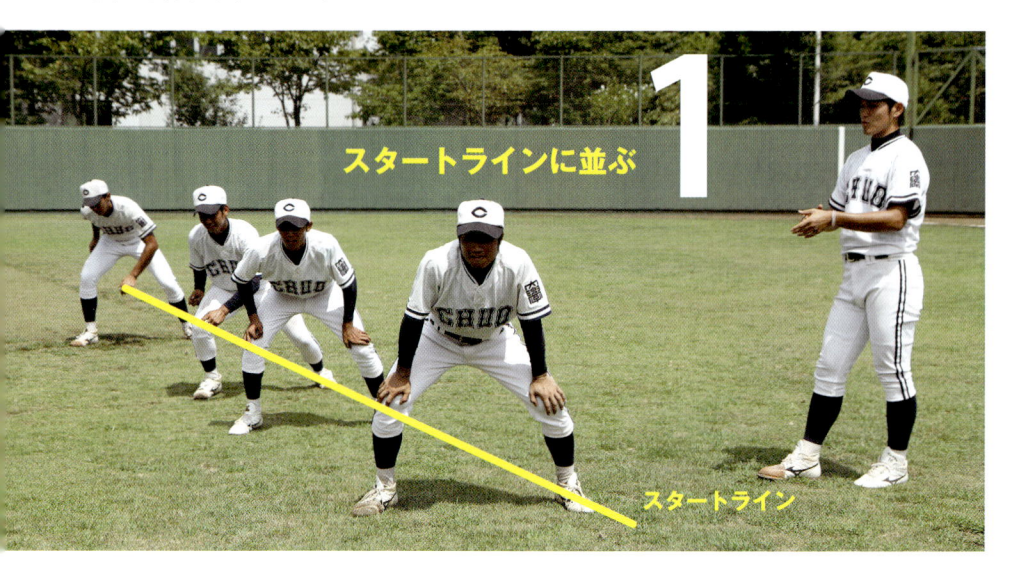

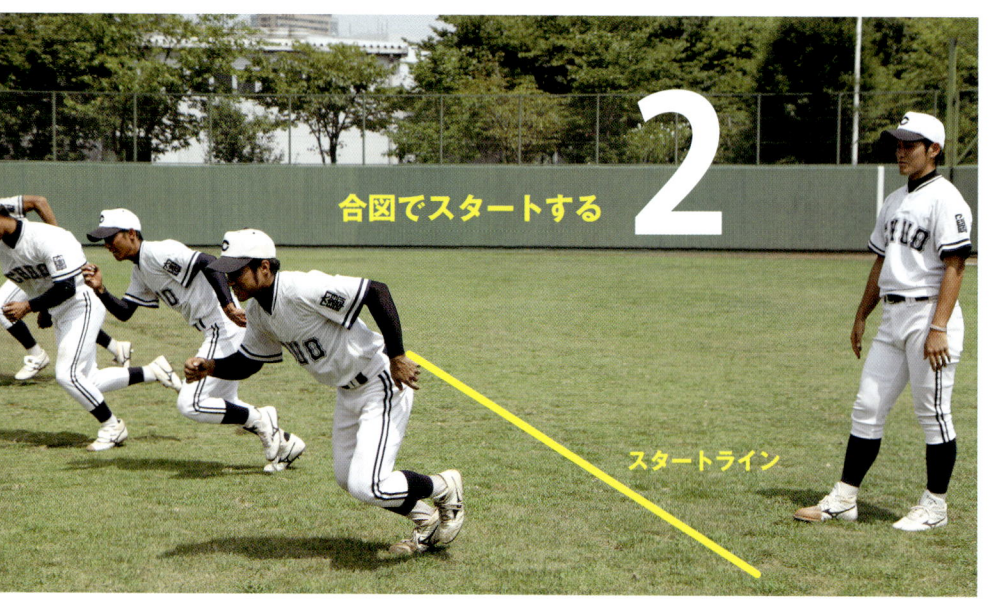

1 スタートラインに並ぶ

スタートライン

2 合図でスタートする

スタートライン

等間隔で3～4本ラインを引き往復ダッシュ

低い姿勢でターンとダッシュを繰り返すと足腰の強化に効果がある。ただ走るだけでは変化がないので、互いに競いながらできるシャトルランは最適だ。

方法は以下の通り。まず5、10、15、20メートルくらいの間隔で3～4本ラインを引く。①スタートラインに並んで合図でスタート②5メートルでターン③スタートラインに戻り再びターン④10メートルでターンして戻る。15、20メートルも繰り返し往復する。

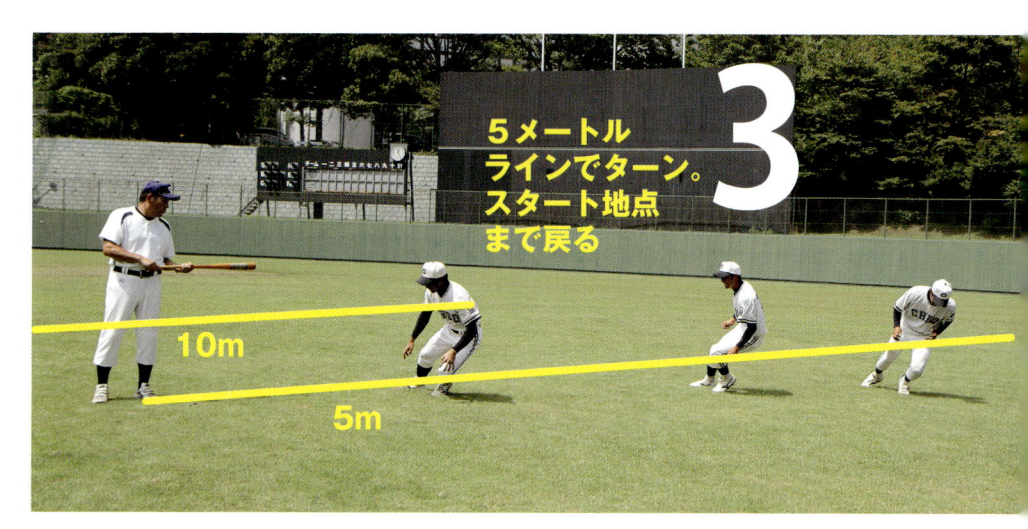

3
5メートルラインでターン。スタート地点まで戻る

10m
5m

4
スタート地点でターン。次は10メートルラインでターン。これを繰り返す。

スタートライン

絶対に覚えよう！勘違いしやすい投手に関わるルール

突発的な投手交代では
球審が必要と思うだけの準備投球ができる

投手の準備投球は基本的に「1分以内、8球以内」。実際は試合のスピードアップのためにプロ・アマなど各団体によって3～5球としているようです。でも突然の事故などによって急きょ投手交代をしたときなどは球審が必要と思われるだけの投球をさせることができます。

キャッチャーの返球から
12秒以内で次の投球をする

ランナーがいないとき、投手はボールを返球されてから12秒以内に次の投球をしなければいけません。これを越えると遅延行為とみなされて1ボールを宣告されることがあるので注意が必要です。

ボークでも打者がヒットを打つなどしたら
攻撃側に有利な判定を取る

ボークは投手がランナーをだます行為です。ただしボークがあってもすぐにボールデッドにはなりません。一連のプレーを流し、その結果が出たところでボークだった場合と比べて、攻撃側に有利な方の結果を取るのです。

先発投手と救援投手の違い

先発投手は少なくても最初の打者をアウトにするか、1塁に出るまでは投げなくてはなりません。救援投手は交替した時点の打者をアウトにするか、1塁に出るまでは投げなくてはいけません。ただし走者をけん制で刺すなどして3アウトチェンジになれば、次のイニングには交代できます。

Pitcher Training

ピッチャー専用
トレーニング

安定感がある下半身や上腕の筋力、
肩の柔軟性は、投手にとって大切な要素だ。
ここでは各部位に適したトレーニング法を紹介。
基礎体力系のトレーニングを
定期的に練習に取り入れて、
ピッチングのレベルアップにつなげよう。

PART 5

トレーニングの概要

投球に適した 柔軟で力強いカラダを作る

目的や回数を考慮して、効果的なトレーニングをする。

トレーニングの必要性

力強い投球を支えるのは強い下半身
ボールを投げるのが腕だからといって、腕の筋力だけを鍛えても球速は上がらない。上体を支える下半身が安定して初めて力強い投球が可能になる。

ケガに強い、柔軟でしなやかなカラダを作る
パワーや技術に優れてもいても、丈夫なカラダがなければそれを発揮できない。普段の練習からストレッチなどに取り組み、ケガに強く、柔軟でしなやかなカラダを作ろう。

ピッチャーが鍛えるべき部位

肩の可動域
肩は投手の命。肩の可動域を広げるトレーニングには時間をかけよう。

軸を作る体幹
軸足一本で立つために体幹のトレーニングも必須。

投球を支える足腰
踏み込んだときに全体重を支える足腰の強さ。

注意点とポイント

❶ どこを鍛えているか、どこを動かしているかを意識して行う。
❷ 回数を増やしても１回１回を正確な動作で行う。
❸ ムリをしなければできないような負荷をかけない。

[肩・ヒジ・腕]
インナーマッスルの強化

トレーニング①

●やり方
ゴムを後方に巻き付け、その先端を両手で1本ずつ持つ。ヒジを脇腹につけて手を左右に開いて構える。ここから背中全体を伸ばすようにして前方へ大きく引き伸ばす。

★ポイント
最初に左右の肩甲骨を寄せるようにして手を開いて構える。ゴムを伸ばしたときは肩甲骨を大きく開くようにする。

トレーニング②

●やり方
①とは逆にゴムを前方に巻き付ける。ゴムを1本ずつ両手で持ち、手を伸ばした状態にする。ここから両手を引き、ヒジが両脇に付いたらそこを支点にして左右に開く。

★ポイント
構えで両手をしっかりと伸ばし、肩甲骨が開くようにする。引くのはカラダの真横まででいい。手を開いたときに肩甲骨が閉じるようにする。

PART 5 ピッチャー専用トレーニング インナーマッスルの強化

トレーニング③

●やり方
ゴムに対して横向きに立ち、カラダの正面でその先端を握る。そこからヒジを支点にして横へ引っ張る。

★ポイント
構えた時にはゴムは軽く伸びるくらいにする。最初から伸ばし過ぎると引いたときに負荷が大きくなってしまう。左右同じ回数行う。

トレーニング④

●やり方
ゴムを伸ばした状態でカラダの正面で先端を握る。ヒジを支点にして弧を描くように腕を開く。

★ポイント
構えたときにゴムが十分に伸びた状態にしておく。開くときはゴムの負荷を感じながらゆっくりと。左右同じ回数を行う。

165

肩・肩甲骨の柔軟性
肩の可動域を広げる

トレーニング①

◉やり方
指先を肩に触れたまま前後に大きく回す。手を伸ばしてやるのと比べて大きく回すことができる。

★ポイント
ヒジが遠くを通るように大きく回す。後ろに回すときは肩甲骨を寄せ、前を回すときは広げるような意識でやると効果も高い。

PART 5 ピッチャー専用トレーニング 肩の可動域を広げる

トレーニング②

● **やり方**
四つん這いになってみぞおちの辺りから背中を反る→背骨の真ん中から丸めるを繰り返す。

★ **ポイント**
背中を反らせるときは肩甲骨を寄せる。丸めるときは背骨の真ん中を高く持ち上げるようにして、肩甲骨を開く。

Pitcher Training

使っている筋肉を細かく意識
腹筋と背筋のトレーニング

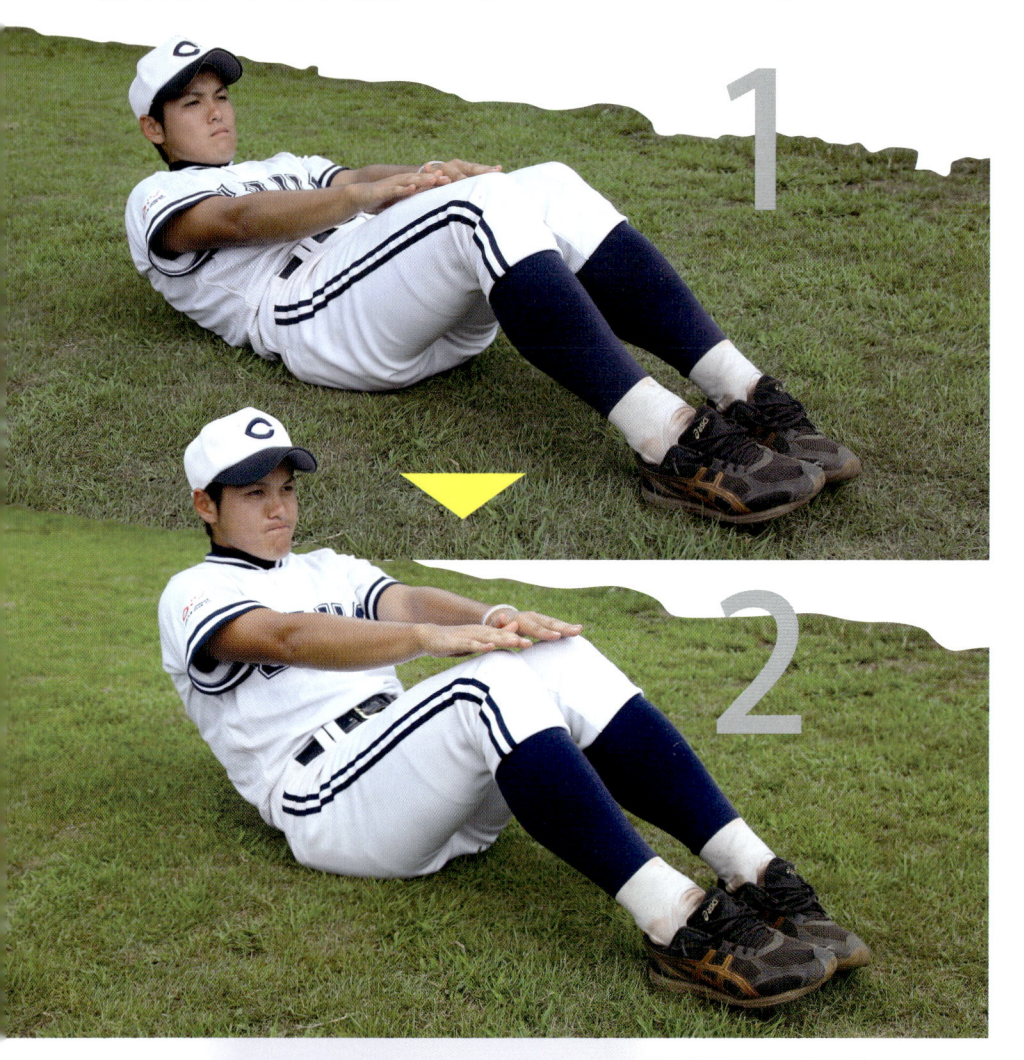

腹筋強化

●やり方
仰向けになり両手を股関節の辺りに置く。その手を太モモの上を滑らせるようにしてゆっくりとカラダを起こしていく。手がヒザに付いたら、今度はゆっくり倒す。これを繰り返す。

★ポイント
カラダを起こすときはみぞおち→へそ→下腹部の順に筋肉を使っていく。倒すときはその逆。できるだけゆっくりした動作で行い、1つ1つの筋肉を使っていることを意識する。

PART 5　ピッチャー専用トレーニング　腹筋と背筋のトレーニング

背筋強化①

●やり方
うつ伏せになり、パートナーに臀部に乗ってもらう。カラダを反らすようにして起こす。

★ポイント
背筋の中でも腰に近い部分を使う。勢いをつけずに1回ごとにゆっくりと。

背筋強化②

●やり方
うつ伏せになりパートナーに肩甲骨を支えてもらう。地面についている胸の辺りを支点にして両足を同時に持ち上げる。

★ポイント
背筋の中でも上の部位を使っていることを意識する。勢いをつけないで1回ごとに正確な動作で行う。

強い下半身は投手の命
スクワットで強い土台を作る

スクワット①

●やり方
真っ直ぐに立ち両手は頭に。ゆっくりと腰を落としていき、太モモが地面と平行になるところまで下げたら、今度はゆっくりと上げていく。

★ポイント
上体は倒さないで、顔は正面を向いたまま。ヒザを曲げるというよりも腰を落とすという意識を強く持つ。負荷あり

PART 5　ピッチャー専用トレーニング　スクワットで強い土台を作る

スクワット②

●やり方
トレーニング器具があればそれを利用する。やり方は負荷がない方法と同じ。

★ポイント
最初から大きな負荷をかけない。重い重量を1回だけ上げるよりも軽いものを繰り返した方が効果的だ。

Pitcher Training

片足でバランス感覚を養う
バックランジで安定感を増す

1

2

バランスディスク なしでのバックランジ

◉やり方
真っ直ぐに立った状態から片足を上げ、その足を後方へ下ろす。これを戻して左右繰り返す。

★ポイント
足を上げたときも後方へ伸ばしたときも上体を倒したり視線を下げたりしない。軸足のヒザを軽く曲げて、上げた足をできるだけ遠くへ伸ばすようにする。

バランスディスクあり

PART 5　ピッチャー専用トレーニング　バックランジで安定感を増す

基本ポーズ

バランスディスクを使用してバックランジ

●やり方
バランスディスクの上に立ち片足立ちする。そこから❶上体を倒して両手でディスクを触る❷上げた足の側の手で軸足の外側を触る❸軸足の側の手で上げた足の側のディスクを触る。

★ポイント
最初は❶だけでもいい。上体は倒すが視線を下げてしまうとバランスを崩しやすい。できるだけ遠くを見るようにする。

あとがき

　スター選手は独特のスタイルを持っています。かつては落合博満選手が神主打法とも呼ばれるスイングで大活躍しましたし、今ならイチロー選手の振り子打法があります。投手でも野茂英雄選手のトルネード投法がすぐに頭に浮かびます。憧れの選手に近づきたいという気持ちが強い皆さんは、そんなスター選手のフォームをマネしたいという思いもあるかもしれません。

　でも「形」だけをマネするのでは技術の上達は望めません。基本がない、中身のないフォームではただのモノマネになってしまうからです。名前を挙げたスター選手たちも「形」が先にできたわけではないのです。まずは基本をしっかりと理解して、長い時間をかけて自分のスタイル、個性的なフォームを獲得したのです。

　本書では投球に関して基本の部分を丁寧に解説しました。写真をたくさん使い、色んな角度から見ることで細かい動きがわかるはずです。

　理解して実践することができれば、必ず技術は向上するはずです。本書で基本を学んだ皆さんが、将来自分のスタイルを作り上げられる選手になることを願っています。

中央大学硬式野球部
監督　**高橋善正**

● 監修
高橋善正（たかはし よしまさ）
1944年高知県生まれ。高知商業から中央大学に進学。中大時代に東都大学野球リーグで通算63試合に登板、35勝15敗、188奪三振、防御率1・61という好成績を残した。66年に東映に入団。67年に15勝で新人王になり、71年には対西鉄戦で完全試合を達成。73年に巨人へ移籍、77年に現役引退した。通算成績60勝81敗7セーブ。引退後は巨人、中日、日本ハム、横浜大洋、社会人シダックスの投手コーチを務め、07年に中央大硬式野球部のコーチとなり、08年に監督に就任。1シーズン目で6季ぶりの一部昇格を成し遂げた。

● 協力
中央大学硬式野球部

Staff

監修／高橋善正
制作／エフプラス
編集／城所大輔
取材・構成／大久保亘
撮影／斉藤 豊
イラスト／吉澤崇晴・楢崎義信
デザイン／シモサコグラフィック
DTP／ジャパンアート
取材協力／中央大学硬式野球部
企画・編集／成美堂出版編集部（駒見宗唯直）

マルチビジョン・ピッチング

監　修		高橋善正
発行者		風早健史
発行所		成美堂出版
		〒162-8445　東京都新宿区新小川町1-7
		電話(03)5206-8151　FAX(03)5206-8159
印　刷		凸版印刷株式会社

Ⓒ SEIBIDO SHUPPAN 2011　PRINTED IN JAPAN
ISBN978-4-415-30751-0

落丁・乱丁などの不良本はお取り替えします
定価はカバーに表示してあります

・本書および本書の付属物を無断で複写、複製（コピー）、引用することは著作権法上での例外を除き禁じられています。また代行業者等の第三者に依頼してスキャンやデジタル化することは、たとえ個人や家庭内の利用であっても一切認められておりません。